短视频
直播带货
从入门到精通
108招

陈楠华 李格华 ◎ 编著

清华大学出版社
北京

内 容 简 介

本书包括10章专题内容，108个干货技巧，对带货账号的打造、带货视频的生产、带货平台的入驻、带货主播的培养、带货直播的预热、带货直播的引流、带货直播的策划、带货直播的话术、带货直播的控场技巧和带货直播的销售技巧等内容进行了全面剖析，帮助短视频直播运营者和主播有针对性地学习和实践。

本书适合短视频带货者学习，特别适合抖音、快手、B站、淘宝、西瓜视频、抖音火山版和微视等平台运营者阅读。

本书封面贴有清华大学出版社防伪标签，无标签者不得销售。
版权所有，侵权必究。举报：010-62782989，beiqinquan@tup.tsinghua.edu.cn。

图书在版编目(CIP)数据

短视频直播带货从入门到精通：108招/陈楠华，李格华编著. —北京：清华大学出版社，2021.5（2022.11重印）

ISBN 978-7-302-58080-5

Ⅰ.①短… Ⅱ.①陈… ②李… Ⅲ.①网络营销 Ⅳ.①F713.365.2

中国版本图书馆CIP数据核字(2021)第075696号

责任编辑：张　瑜
封面设计：杨玉兰
责任校对：吴春华
责任印制：宋　林

出版发行：清华大学出版社
网　　址：http://www.tup.com.cn, http://www.wqbook.com
地　　址：北京清华大学学研大厦A座　　邮　编：100084
社 总 机：010-83470000　　邮　购：010-62786544
投稿与读者服务：010-62776969, c-service@tup.tsinghua.edu.cn
质量反馈：010-62772015, zhiliang@tup.tsinghua.edu.cn

印 装 者：三河市龙大印装有限公司
经　　销：全国新华书店
开　　本：170mm×240mm　　印　张：15.25　　字　数：290千字
版　　次：2021年5月第1版　　印　次：2022年11月第2次印刷
定　　价：59.80元

产品编号：066949-01

前言

  这几年网红经济被炒得沸沸扬扬,很多年轻人纷纷效仿网红,想在网络盛行的年代大赚一笔,但是一个残酷的事实被大家忽略了,那就是网红经济几乎已经登峰造极,况且网红是不可复制的,每一个网红成长的背后都有其特殊的场景或独特的阅历,每一个网红自身都有常人无法拥有的特质或极其独到的卖点。

  随着打赏趋势的日渐没落,网红谋生的道路将日渐崎岖,因此不少网红逐渐转移到带货轨道上来,赚取产品的差价才是永不衰退的话题。可是网红带货又能走多远呢?试问,网红对所带的货品真的了解吗?除了利益驱使,有情感体现吗?在我所服务的企业群体中,我时刻提醒不要轻易找网红带货,带多了就有可能破坏消费信任,而信任才是企业绝处逢生的法宝。企业如果想在直播带货的大潮中参与弄潮,就得建立自己的企业号,培养自己的带货主播。带货主播风潮才刚刚开始,离盛行还有很长的路,网红、网红带货与直播带货有着天壤之别。

  之所以建议企业开通直播账号推动直播,源于直播能够快速拉近企业与消费者的距离,增强消费黏性,尤其是今天已经由"人找货"到了"货找人"的时代,谁拥有忠实的粉丝群体,谁就有机会独占鳌头。粉丝忠实于你的原因,绝不是简单的产品促销或让利活动。

  今天的很多直播卖货,都是套路的再现、价格的比拼、小利的引诱,如此一来会有多少回头客呢?更可怕的是有些商品,仔细一想,只要一推敲,就可发现其成本都无法维持,这样带货恐怕是穷途末路!因此我想告诫所有的企业老板,直播带货是别人帮不了你的,你必须开通企业账号,培养自己的带货主播。

  评价一个企业家优秀与否,有很多条标准,最近又多了一条——会不会直播带货。评价一个营销部门是否有持续战斗力,也有很多标准,最近也多了一条——是否有常态化直播团队。不管是企业经营还是个人择业,不能只是追风口,想要起飞,还要懂得更多:网红经济与直播带货有什么区别?企业怎样直播带货?直播带货的真正目标是什么?直播带货最后比拼的关键是什么?

  想要搞懂直播带货,必须理解私域流量和公域流量的不同。公域流量就像是家门口的大河,大家都知道河里有鱼,想吃鱼的时候,就抄起鱼竿去钓或者拉上渔网去河里捕。最早的时候,来河里捕鱼的人很少,只要钓鱼技术好或是你的渔网够大,你就能收获大量的鱼。而私域流量则像是自家后院里的鱼塘,平时把鱼养好,想吃的时候随时去捞一条就行了。从这个比喻来看,公域流量时代,重点字是"捕";而私域流量时代，重点词换成了"养"。所以，直播带货未来的比拼核心，肯定是能否运营好私域流量。

那么，私域流量应该如何运营呢？

一是用信任换利润：主播向直播间里的观众推销某款产品，观众购买之后，在他没有真正收到产品并且使用之前，其实成交靠的是他对主播的信任，这就是"用信任换利润"。可见信任度的建立无比关键！

二是因利润生责任：在主播利用观众对他的信任赚了钱后，原来的那份信任就转化成了利润，同时诞生了另外一样东西，叫作责任。这份责任主要被附着在两样东西上，一样是观众即将收到的商品，另一样是观众接下来享受到的服务。这个过程叫作"因利润生责任"。因此直播带货不是儿戏，而是实实在在的责任！

三是以责任赢信任：如果商品本身有问题，或是后续服务很差，那就说明这一份该负的责任没有负到位。那么，不管你是商界领袖还是知名人士，再想推销商品，难度都会增大许多。因为责任没尽到，信任受损，这个闭环也就断掉了。如果商品没问题，观众收到货后对后续的相关服务也很满意，那就是"以责任赢信任"，下次主播再推商品给观众，他有可能还会继续购买。从而价值呈现开始透射价值衍生，老主顾日益增多。可见直播带货是培养客户"信任"的方式，也只有这样，才有可能走得下去！

科技的发展缩小了商家和消费者之间的信息差，消费者不再那么弱势。公域流量时代，大多数人做的都是雁过拔毛的生意，能薅几根算几根。私域流量时代，则要用资产逻辑去理解——做好产品，真正地"养"好信任才是王道。

直播对实体经济有着重要的推动作用，要想良性发展，就不能只做"一锤子买卖"，不能让带货成为"带祸"。带货主播一定要用真诚赢得真诚、用品质练就精品。人品如商品，在产品过剩的时代，这值得大家深思！

源于此，本书沿着直播准备、粉丝积累、平台入驻、主播速成、拉升销量、激活流量、保障销量、提高复购、场控技巧、直播手法这样的逻辑思维，历经半年多的艰辛创作，提炼了108招奉献给读者，希望读者能从中获益并与作者紧密联系，以便再版时能实践出更新的内容！

本书由陈楠华、李格华编著，参与编写的人员还有高彪等人。由于作者知识水平有限，书中难免有错误和疏漏之处，恳请广大读者批评、指正。

编　者

CONTENTS 目录

第1章 带货账号：打造名片为直播做准备 ... 1

- 001 设置账号名字 ... 2
- 002 选择账号头像 ... 4
- 003 写好账号简介 ... 7
- 004 更换账号头图 ... 8
- 005 修改账号信息 ... 10
- 006 做好行业定位 ... 12
- 007 账号内容定位 ... 13
- 008 进行产品定位 ... 14
- 009 用户群体定位 ... 15
- 010 人设标签定位 ... 18

第2章 带货视频：生产爆款内容积累粉丝 ... 21

- 011 视频生产方法 ... 22
- 012 热门视频内容 ... 24
- 013 热门打造技巧 ... 30
- 014 标题制作方法 ... 32
- 015 吸睛标题套路 ... 35
- 016 标题撰写误区 ... 47
- 017 视频文案写作 ... 50
- 018 评论文案写作 ... 52
- 019 文案写作禁区 ... 54

第3章 带货平台：快速入驻开启带货之路 ... 59

- 020 常见直播模式 ... 60
- 021 选择直播平台 ... 65
- 022 抖音开通直播 ... 66
- 023 快手开通直播 ... 69
- 024 B站开通直播 ... 71
- 025 西瓜开通直播 ... 73
- 026 火山开通直播 ... 75

027	微视开通直播	77
028	直播带货规范	81
029	直播带货误区	82

第4章 带货主播：将素人培养成直播达人 ……87

030	主播技能培养	88
031	数据分析能力	93
032	平台运营能力	99
033	供应支持能力	100
034	粉丝运营能力	100
035	内容创作能力	102
036	语言沟通能力	102
037	应对提问能力	105
038	心理素质能力	105
039	调节气氛能力	106

第5章 带货预热：增加热度，提高直播销量 ……107

040	封面选择要点	108
041	封面制作方法	109
042	制作封面要点	119
043	利用福利引导	122
044	体现物美价廉	123
045	展现产品优势	124
046	设置悬念标题	125
047	用好明星效应	126

第6章 带货引流：多种渠道增加直播流量 ……129

048	参与话题引流	130
049	分享直播引流	131
050	推广功能引流	134
051	连麦 PK 引流	135
052	发送红包引流	136
053	微信平台引流	137
054	QQ 平台引流	140
055	微博平台引流	141

	056	百度平台引流	141
	057	今日头条引流	144
	058	视频平台引流	145
	059	音频平台引流	146

第 7 章　带货策划：用直播质量来保障销量 …… 149

	060	策划直播脚本	150
	061	直播脚本大纲	150
	062	直播脚本案例	152
	063	策划活动方案	153
	064	了解产品卖点	155
	065	制作优质内容	158
	066	内容特质营造	160
	067	做好直播选品	161
	068	选好带货主播	163
	069	打造主播人设	164
	070	直播间的打造	169

第 8 章　带货话术：提高直播间用户购买率 …… 183

	071	常见回复话术	184
	072	欢迎用户进入	187
	073	感谢用户支持	188
	074	提问提高活跃度	188
	075	引导用户助力	189
	076	下播传达信号	189
	077	借用大咖金句	190
	078	提及价格优势	191
	079	个性语言吸粉	192
	080	解决用户痛点	193
	081	打造产品痒点	196
	082	解决后顾之忧	200
	083	培养好信任感	201

第 9 章　带货控场：全程把控有效避免冷场 …… 203

| | 084 | 开端留好印象 | 204 |

085 激发用户表达 205
086 节奏松弛有度 206
087 正确处理吐槽 207
088 改善用户关系 208
089 找出问题原因 210
090 及时纠正错误 211
091 保持激昂情绪 212
092 机智应对质疑 212
093 真诚请教高手 214
094 粉丝互动交流 214

第 10 章 带货技巧：广泛适用的直播销售法 219

095 介绍劝说购买 220
096 通过赞美引导 221
097 给出限时优惠 222
098 亲身示范推销 223
099 策划幽默段子 225
100 选用专业导购 226
101 对比突出优势 226
102 展现产品实力 227
103 比较产品差价 228
104 增加增值内容 229
105 全程保持亢奋 230
106 展示用户体验 231
107 专注一款产品 233
108 产品植入场景 234

第 1 章

带货账号：
打造名片为直播做准备

学前提示

　　因为在短视频平台中是直接用短视频账号进行直播的，而且很多用户会根据账号的运营情况决定是否观看运营者发布的直播。所以，打造带货账号，为直播做好准备就显得尤为重要了。

　　具体来说，带货账号的打造要重点做好两个方面的工作，一是账号信息的设置；二是账号的定位展示。笔者就对这两方面的内容进行具体说明。

要点展示

- 设置账号名字
- 选择账号头像
- 写好账号简介
- 更换账号头图
- 修改账号信息
- 做好行业定位
- 进行产品定位
- 用户群体定位
- 人设标签定位

001 设置账号名字

运营者要设置账号名字,打造带货短视频账号,首先得拥有一个短视频账号。在许多短视频平台中,运营者只需用手机号或微信等账号便可直接登录,拥有一个属于自己的账号。以抖音短视频平台为例,运营者可以通过如下操作进行登录。

步骤 01 进入抖音短视频 App 之后,点击"推荐"界面中的"我"按钮,如图 1-1 所示。

步骤 02 操作完成后,进入账号登录界面。我们可以点击"本机号码一键登录"按钮,用手机号码登录抖音。除了手机号码登录之外,还可以点击…按钮,查看更多登录方式,如图 1-2 所示。

图 1-1 点击"我"按钮

图 1-2 账号登录界面

步骤 03 运营者可以点击 按钮,用微信号登录,如图 1-3 所示。操作完成后,进入微信登录界面。运营者只需点击界面中的"同意"按钮,便可用对应的微信号登录抖音,如图 1-4 所示。

登录短视频账号之后,运营者便可以设置名字等带货账号的相关信息了。以抖音为例,短视频账号名字的设置方法如下。

步骤 01 登录抖音短视频 App,进入"我"界面,点击界面中的"编辑资料"按钮,如图 1-5 所示。

步骤 02 进入"编辑个人资料"界面,点击"名字"栏,如图 1-6 所示。

步骤 03 进入"修改名字"界面,在"我的名字"文本框中输入新的昵称;点击"保存"按钮,如图 1-7 所示。

图 1-3 点击 按钮

图 1-4 点击"同意"按钮

图 1-5 点击"编辑资料"按钮

图 1-6 点击"名字"栏

步骤 04 操作完成后，返回"我"界面，看到设置的账号名字便表示完成了，如图 1-8 所示。

设置短视频账号名字有两个基本的技巧，具体如下。

(1) 名字不能太长，最好控制在 10 个字以内。

(2) 最好能体现人设感，即看见名字就能联系到人设，让用户知道你做的是哪一类带货账号。人设是指人物设定,包括姓名、年龄、身高等人物的基本设定,以及企业、职位和成就等背景设定。

图 1-7 "修改名字"界面

图 1-8 完成名字的设置

002 选择账号头像

短视频账号的头像需要有一定的特点,一个成功的短视频账号头像必须展现运营者最美的一面,或者展现企业、团体和品牌的良好形象。以抖音短视频账号为例,运营者可以通过如下两种方式设置头像。

1. 在"我"界面中设置

在抖音的"我"界面中,运营者可以通过如下步骤设置头像。

步骤 01 进入抖音短视频 App 的"我"界面,点击界面中的抖音头像,如图 1-9 所示。

步骤 02 进入头像展示界面,点击下方的"更换"按钮,如图 1-10 所示。

步骤 03 操作完成后,弹出头像修改方式提示框。运营者可以通过"拍一张"或"相册选择"的方式设置头像。这里笔者以"相册选择"为例进行说明,如图 1-11 所示。

步骤 04 选择"相册选择"选项之后,从相册中选择需要作为头像的图片,如图 1-12 所示。

步骤 05 进入"裁剪"界面,对图片进行裁剪之后,点击下方的"确定"按钮,如图 1-13 所示。

图 1-9 点击抖音头像

图 1-10 点击"更换"按钮

图 1-11 选择"相册选择"选项

图 1-12 选择需要作为头像的图片

步骤 06 操作完成后，返回到"我"界面，便可以看到头像修改完成了，如图 1-14 所示。

2. 在"编辑个人资料"界面中设置

在"编辑个人资料"界面中，用户只需点击头像，便可在弹出的对话框中选择合适的方式设置头像,如图1-15所示。

运营者选择"相册选择"选项之后,只需按照在"我"界面中设置头像的步骤01～06操作,便可完成头像的设置。

图1-13 点击"确定"按钮

图1-14 完成头像修改

图1-15 在"编辑个人资料"界面中设置头像

设置短视频账号头像有两个基本的技巧,具体如下。

(1)头像一定要清晰。

(2)个人账号一般使用运营者的肖像作为头像;企业账号可以使用代表人物的肖像作为头像,或者使用公司名称、品牌LOGO等标志。

003 写好账号简介

在账号简介中,短视频账号运营者可以对带货领域、品种和品牌等进行说明;还可以留下微信号等联系方式,以便更好地与短视频用户进行沟通;甚至可以直接写明短视频直播的时间,以吸引更多用户观看直播。具体来说,以抖音为例,运营者可以通过如下步骤进行账号简介的设置。

步骤 01 进入"编辑个人资料"界面,点击界面中的"简介"栏,如图 1-16 所示。

步骤 02 操作完成后,进入"修改简介"界面。在界面中输入简介内容,点击"保存"按钮,如图 1-17 所示。

步骤 03 操作完成后,返回"我"界面,便可以看到设置成功的简介内容,如图 1-18 所示。

图 1-16 点击"简介"一栏　　图 1-17 点击"保存"按钮　　图 1-18 简介内容设置成功

短视频账号的简介内容通常要做到简洁明了,让用户看到之后就能把握住重点信息,其基本设置技巧如下。

(1) 为了更好地吸引用户关注账号,运营者可以在简介的前半部分描述账号特点或功能,后半句引导用户关注账号。需要注意的是,为了更好地起到引导关注的作用,简介中一定要出现关键词"关注",如图 1-19 所示。

(2) 账号简介可以用多行文字,但一定要让"关注"这两个字出现在多行文字的视觉中心。

(3) 运营者在简介中引导用户添加自己的微信号时,不能直接使用"微信"这个字眼。但是，可以使用"VX""V""微X"等字眼来代替，如图1-20所示。

图1-19 在简介中引导关注

图1-20 在简介中引导用户添加你的微信号

004 更换账号头图

　　账号头图就是短视频账号主页界面最上方的图片。部分短视频运营者认为头图是否设置无所谓，其实不然。图1-21所示为一个只有默认头图的抖音号主页，看到这张图片之后你有什么感觉呢？笔者的感觉是，这个主页好像缺了什么东西。运营者就连头图都不设置，似乎没有用心在运营。

图1-21 只有默认头图的抖音号

其实,即便是随意换一张图片,感觉也会比直接用默认头图要好得多。不仅如此,头图本身也是一个很好的宣传场所。

例如,运营者可以设置带有引导关注类文字的头图,提高账号的吸粉能力;又如,运营者还可以在头图中展示自身的业务范围,让用户一看就知道你带的是哪方面的货。这样当用户有相关需求时,便会将你作为重要的选择项。

那么,如何更换短视频账号的头图呢?下面,笔者就以抖音为例,简单介绍具体的操作步骤。

步骤 01 进入抖音短视频 App 的"我"界面,点击界面上方头图所在的位置,如图 1-22 所示。

步骤 02 操作完成后,进入头图展示界面,点击界面下方的"更换"按钮,如图 1-23 所示。

图 1-22　点击头图所在的位置

图 1-23　点击"更换"按钮

步骤 03 操作完成后,弹出头图设置方式列表框。大家可以通过"拍摄"或"相册选择"的方式进行头图的设置。这里笔者以"相册选择"为例进行说明,如图 1-24 所示。

步骤 04 选择"相册选择"选项之后,从相册中选择需要作为头图的图片,如图 1-25 所示。

步骤 05 操作完成后,进入"裁剪"界面。在该界面中可以裁剪和预览头图展示效果。裁剪完成后,点击下方的"确定"按钮,如图 1-26 所示。

步骤 06 操作完成后,返回"我"界面。如果头图完成了更换,就说明头图设置成功了,如图 1-27 所示。

图1-24 选择"相册选择"选项

图1-25 选择需要作为头图的图片

图1-26 点击"确定"按钮

图1-27 头图设置成功

005 修改账号信息

除了名字、头像、简介和头图之外,短视频账号运营者还可以对其他账号信息进行设置和修改。如在抖音中,运营者还可以进入"编辑个人资料"界面,直接对学校、性别、生日和地区等信息进行设置和修改。

在这4类账号信息中,学校和地区相对来说重要一些。学校的设置,特别是与账号定位一致的学校信息设置,能让用户觉得账号运营者更加专业,从而提高账号内容对用户的吸引力；而地区的设置，则能更好地吸引同城用户的关注，从而提高账号运营者旗下实体店的流量和销量。下面笔者以设置学校为例，介绍操作的步骤。

步骤 01 点击"学校"右侧的"点击设置"按钮，如图1-28所示。

步骤 02 操作完成后，进入"添加学校"界面，如图1-29所示。在该界面中，抖音运营者可以对学校、院系、入学时间、学历和展示范围进行设置。

图1-28 点击"点击设置"按钮

图1-29 "添加学校"界面

步骤 03 信息设置完成后，点击界面上方的"保存"按钮，如图1-30所示。操作完成后，将自动返回"编辑个人资料"界面。如果此时学校后方出现了相关信息，就说明学校信息设置成功了，如图1-31所示。

图1-30 点击"保存"按钮

图1-31 学校信息设置成功

006 做好行业定位

在短视频账号的运营过程中，必须做好账号定位。账号定位，简单理解就是确定账号的运营方向，具体可细分为行业定位、内容定位、产品定位、用户定位和人设定位5个部分。可以说，只要账号定位准确，并根据定位进行营销，便可以获得更好的带货效果。

那么，具体如何做定位呢？这一节笔者就先来讲一讲行业定位的方法。其他4种定位方法，将在接下来的内容中分别进行讲解。

行业定位就是确定账号分享的内容所属的行业和领域。通常来说，短视频账号运营者在做行业定位时，只需选择自己擅长的领域，并在账号名字上体现自身的行业定位即可。例如，擅长摄影的运营者可以选择摄影领域，擅长美食制作的运营者可以选择美食领域，如图1-32所示。

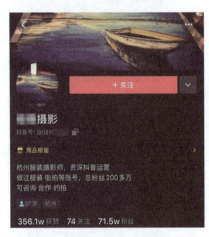

图1-32 根据擅长领域进行行业定位的案例

当然，有时候某个行业包含的内容比较广泛，且做该行业内容的短视频账号已经较多。此时，短视频运营者便可以通过对行业进行细分，侧重在某个细分领域打造账号内容。

比如，化妆行业包含的内容比较多，这个时候我们就可以通过领域细分从某方面进行重点突破。这个方面比较具有代表性的当属某位有着"口红一哥"之称的美妆博主了，这位美妆博主便是通过重点分享口红的相关内容，来吸引对口红感兴趣的人群的关注。

又如，摄影包含的内容比较多，但现在越来越多的人开始直接用手机拍摄视频，而且这其中又有许多人对摄影构图比较感兴趣。因此，抖音号"手机摄影构图大全"针对这一点专门深挖手机摄影构图技巧，并据此进行行业定位，如图1-33所示。

图 1-33 抖音号"手机摄影构图大全"的行业定位

▶ 007 账号内容定位

短视频账号的内容定位就是确定账号的内容方向，然后据此有针对性地生产内容并进行带货。通常来说，短视频账号运营者在做内容定位时，只需结合账号定位确定需要发布的内容即可。例如，抖音号"手机摄影构图大全"的账号定位是做一个手机摄影构图类账号，所以该账号发布的内容以手机摄影视频为主，如图 1-34 所示。

图 1-34 抖音号"手机摄影构图大全"发布的内容

短视频账号运营者确定了账号的内容方向之后，便可以根据该方向进行内容的生产了。当然，在短视频账号的运营过程中，内容生产也是有技巧的。具体来说，短视频账号运营者在生产内容时，可以运用以下技巧，轻松打造持续性的优质带货内容，如图1-35所示。

```
                          ┌─ 做自己真正喜欢和感兴趣领域的内容
                          │
                          ├─ 做更垂直、更差异的内容，避免同质化的内容
生产短视频内容的技巧 ─────┤
                          ├─ 多看热门推荐的内容，多总结它们的亮点
                          │
                          └─ 尽量做原创的内容，最好不要直接搬运
```

图1-35　生产短视频内容的技巧

▶ 008　进行产品定位

大部分短视频账号运营者之所以要做短视频账号运营，就是希望能够借此变现，获得一定的收益。而产品销售又是比较重要的一种变现方式，因此，选择合适的变现产品，进行产品的定位就显得尤为重要了。

那么，短视频账号运营者要如何进行产品定位呢？在笔者看来，根据短视频账号运营者自身的情况，可以将短视频账号的产品定位分为两种：一种是根据自身拥有的产品进行定位；另一种是根据自身业务范围进行定位。

根据自身拥有的产品进行定位很好理解，就是看自己有哪些产品的货源，然后将这些产品作为销售的重点。例如，某位抖音账号运营者自身拥有多种水果的货源，于是其将账号定位为水果销售类账号。他不仅将账号命名为"××水果"，而且通过视频重点进行水果的展示，并为用户提供了水果的购买链接，如图1-36所示。

根据自身业务范围进行定位，就是在自身的业务范围内发布短视频内容，然后根据内容插入对应的产品链接。这种定位方式比较适合于自身没有产品的短视频账号运营者，这部分运营者只需根据短视频内容添加产品链接，便可以借助该产品的链接获得佣金收入。

例如，某位美食类抖音号运营者本身是没有产品货源的，于是，他便通过在短视频中添加他人店铺中的产品链接来获取佣金收入。图1-37所示为该账号运营者发布的一条短视频，可以看到其便是在制作三明治的短视频中，插入了某款三明治

带货账号：
打造名片为直播做准备　第1章

机的链接。

图1-36　根据自身拥有的产品进行定位

图1-37　根据自身业务范围进行产品定位

009　用户群体定位

在短视频账号的运营中，运营者如果能够明确用户群体，做好用户定位，并针对主要的用户群体进行营销,那么,账号生产的内容将更具有针对性,而内容的带货能力也将变得更强。

在做用户定位时,短视频账号运营者可以从性别、年龄、地域分布和星座分布等方面分析目标用户,了解用户画像,并在此基础上更好地做出有针对性的运营策略和精准营销。

(1)性别:可以分析这个账号的粉丝是男性多,还是女性多。如果你带货的产品的主要消费群体为女性,但账号中的粉丝却是男性偏多,那么你可能需要有意识地多打造一些吸引女性的内容。

(2)年龄:可以分析这个账号中粉丝的各年龄段占比情况,了解粉丝主要集中在哪个年龄段,然后重点生产受这个年龄段粉丝欢迎的内容,增强粉丝的黏性。

(3)地域分布:可以明确粉丝主要集中于哪些地区,然后结合这些地区的文化,生产粉丝更喜欢的内容。

(4)星座分布:可以了解哪些星座的粉丝比较多。因每个星座通常有其一定的个性特色,运营者可以根据其个性特色,打造更符合粉丝脾性的内容。

在了解用户画像情况时,我们可以适当地借助一些分析软件。例如,我们可以通过如下步骤,在飞瓜数据微信小程序中了解抖音账号的用户画像。

步骤 01 登录微信 App,进入"发现"界面,点击界面中的"小程序"按钮,如图 1-38 所示。

步骤 02 进入"小程序"界面,在搜索栏中输入"飞瓜数据"进行搜索,如图 1-39 所示。

图 1-38 点击"小程序"按钮

图 1-39 输入"飞瓜数据"

步骤 03 操作完成后,在搜索结果界面中选择"飞瓜数据-小程序"下方的"飞瓜数据"选项,如图 1-40 所示。

带货账号：
打造名片为直播做准备 第1章

步骤 04 进入"飞瓜数据－首页"界面，在搜索栏中输入需要查看用户画像的账号名称，如"丽江石榴哥"；点击"搜索"按钮，如图1-41所示。

图1-40 选择"飞瓜数据"小程序　　图1-41 "飞瓜数据－首页"界面

步骤 05 进入"飞瓜数据－搜索"界面，从搜索结果中选择对应的账号，如图1-42所示。

步骤 06 操作完成后，即可进入"飞瓜数据－播主详情"界面，查看该账号的相关情况，如图1-43所示。

图1-42 从搜索结果中选择对应的账号　　图1-43 "飞瓜数据－播主详情"界面

步骤 07 向上滑动页面,即可在"飞瓜数据－播主详情"界面的"粉丝画像"板块中看到"性别年龄分布"情况。除了性别年龄分布之外,还可点击查看"地域分布"和"星座分布"的相关情况。图1-44所示为该账号"粉丝画像"板块中的"性别年龄分布""地域分布"和"星座分布"界面。

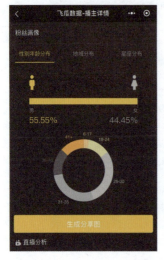

图1-44 "粉丝画像"板块中的"性别年龄分布""地域分布"和"星座分布"

010 人设标签定位

人设,是人物设定的简称。所谓人物设定,就是短视频账号运营者通过短视频和直播打造的人物形象和个性特征。通常来说,成功的人设能在用户心中留下深刻的印象,让用户能够通过某个或者某几个标签,快速地想到该短视频账号及账号中的出镜人物。

例如,说到"反串""一人分饰两角"这两个标签,大多数抖音用户可能首先想到的就是"多余和毛毛姐"这个抖音号。主要是因为这个抖音号的短视频中总会出现一个红色披肩长发的"女性",而这位"女性"又是由一个男性扮演的,也就是说这个人物是反串的。

除此之外,"多余和毛毛姐"发布的抖音短视频中,有时还会出现一个男性形象,而这位男性又是红色披肩长发的女性形象的扮演者。也就是说,这位男性直接一人分饰了两角。再加上其发布的抖音短视频内容很贴合生活,而且其中人物的表达又比较幽默搞笑,因此,该账号发布的内容,通常会快速吸引大量用户的关注。

人物设定的关键就在于为短视频中的人物贴上标签。那么如何才能快速地为短视频中的人物贴上标签呢?其中一种比较有效的方式就是发布相关短视频,呈现人物符合标签特征的一面。

例如,某账号运营者为了凸显自身篮球打得好这个标签,经常会发布一些传授打篮球技巧的短视频,如图1-45所示。有时候,他还会放上和别人比赛打篮球赢了的短视频。看到这些短视频之后,许多用户会不禁惊呼:不愧是一个打篮球的高手!而这样一来,该运营者篮球打得好的人物标签便树立起来了。

图1-45 通过发布短视频树立标签

第 2 章

带货视频：
生产爆款内容积累粉丝

学前提示

短视频内容的生产对于短视频运营者来说非常关键，好的短视频内容不仅可以直接实现变现，还能积累更多粉丝，为短视频直播带货蓄力。

那么，短视频运营者要如何生产好的短视频内容呢？笔者就来重点回答这个问题。

要点展示

- ▶ 视频生产方法
- ▶ 热门视频内容
- ▶ 热门打造技巧
- ▶ 标题制作方法
- ▶ 吸睛标题套路
- ▶ 标题撰写误区
- ▶ 视频文案写作
- ▶ 评论文案写作
- ▶ 文案写作禁区

011 视频生产方法

短视频运营者要想打造出爆款带货短视频,还得掌握内容的生产方法。这一节,笔者就来重点介绍 4 种短视频内容生产方法,便于快速产出热门内容。

1. 原创法

有短视频制作能力的运营者,可以重点生产原创短视频。很多人开始做原创短视频之后,不知道拍摄什么内容。其实内容的选择没那么难,运营者可以从以下几方面入手。

(1) 用视频展示生活中的趣事。
(2) 演唱热门歌曲、学习热门舞蹈。
(3) 将自己见到的美景展示出来。
(4) 通过个性化的表情和肢体语言展示个人特色。
(5) 立足内容定位,持续产出系列内容。

例如,抖音号"手机摄影构图大全"就是通过持续产出原创短视频来吸引粉丝关注的。图 2-1 所示为"手机摄影构图大全"发布的原创短视频。

 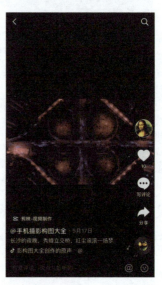

图 2-1　通过原创内容吸引粉丝关注

2. 搬运法

搬运法并不是直接将视频搬运过来,发布到短视频平台上,而是将视频搬运过来之后,适当地进行改编,从而在原视频的基础上,打造原创内容。

图2-2所示为利用搬运法制作的一条短视频。可以看到其便是在搬运《熊出没》视频的基础上，对视频进行了重新配音，并配备了对应的字幕。因为视频本身就具有一定的趣味性，再加上后期的搞笑方言配音，所以用户看到该短视频之后会觉得非常有趣，随之纷纷点赞、评论。于是，这一条运用搬运法打造的视频很快就火了。

图2-2 在搬运视频中加入方言配音和字幕

需要特别注意的是，最好不要搬运他人在短视频平台中发布的视频，更不要将他人在短视频平台中发布的视频直接搬过来进行发布。以抖音为例，直接搬运的抖音短视频，会在画面的左上方或右下方出现他人的抖音号信息。

这样一来，抖音用户一看就知道你是直接搬运别人的短视频。对于这种直接搬运他人视频的行为，很多短视频平台也会进行限流。因此，直接搬运的视频基本上是不可能成为爆款视频的。

3. 模仿法

模仿法就是根据短视频平台上已发布的短视频依葫芦画瓢地打造自己的视频。这种方法常用于已经形成热点的内容，因为一旦热点形成，那么模仿与热点相关的内容，会更容易获得用户的关注。

比如，2020年，随着综艺节目《乘风破浪的姐姐》的热播，其主题曲《无价之姐》受到了许多人的关注，很多短视频平台上出现了"#无价之姐"话题，许多人在该话题下以这首歌为背景跳起了舞，而且舞姿基本都是统一的，如图2-3所示。这便是运用模仿法拍摄的短视频。

图 2-3 运用模仿法拍摄的短视频

4. 扩展法

扩展法就是在他人发布内容的基础上,适当地进行延伸,从而生产出新的原创内容。与模仿法相同,扩展法参照的对象也以短视频平台上的热点内容为佳。

比如,有一段时间《牧马人》这部电影突然在快手、抖音等平台上火了起来,许多人对电影中的一句台词"老许,你要老婆不要"记忆深刻。于是,许多短视频账号运营者开始结合这句台词,根据自身情况,打造了关于"老×,你要二胎不要"的短视频。这种视频透露着幽默搞笑的成分,同时又与大多数家庭的现实相关,于是快速吸引了一些用户的围观。

012 热门视频内容

对于那些爆款短视频,运营者一定要时刻保持敏锐的嗅觉,要及时研究、分析和总结视频成功的背后原因。不要一味地认为那些成功的人只是运气好,而要思考和总结他们是如何成功的。多积累成功的经验,站在"巨人的肩膀"上,你才能看得更高、更远,才更容易超越他们。下面笔者总结了短视频的 8 大热门内容类型,供参考。

1. 美女帅哥

为什么把"高颜值"的美女帅哥摆在第一位呢?笔者总结这一点的原因很简单,

就是将抖音快手的粉丝作为依据,同时这也是最有力的依据。

以抖音为例,根据 2020 年 8 月的数据,抖音个人号粉丝排行第一名的账号,其粉丝数量超过了 5000 万。不可否认的是,这两人的颜值都比较高,而且获得的点赞数都超过了 1 亿,说明这个账号的粉丝黏性非常高、非常活跃。

在这个账号后面,还有许多美女帅哥类运营者,可以说抖音个人号粉丝前十的账号中,"高颜值"类的运营者就占据了半壁江山。

由此不难看出,颜值是抖音营销的一大利器。只要长得好看,即便没有过人的技能,随便唱唱歌、跳跳舞、拍个视频也能吸引一些粉丝。这一点其实很好理解,毕竟谁都喜欢看好看的东西。很多人之所以看短视频,并不是想学习什么,而只是借此打发一下时间。在这些人看来,看一下帅哥、美女本就是一种享受。

2. 萌娃、萌宠、萌妹子

萌往往和"可爱"这个词关联。所以,许多用户在看到萌的事物时,都会忍不住想要多看几眼。根据展示的对象,可以将萌分为 3 类,一是萌娃;二是萌宠;三是萌妹子。下面,笔者就来分别进行分析。

(1) 萌娃。萌娃是深受用户喜爱的一个群体。萌娃本身看着就很可爱,而且他们的一些行为举动也让人觉得非常有趣。所以,与萌娃相关的短视频,很容易吸引众多用户的目光。

(2) 萌宠。萌不是人的专有名词,小猫、小狗等可爱的宠物也是很萌的。许多人之所以养宠物,就是觉得萌宠们特别惹人怜爱。如果能把宠物日常生活中惹人怜爱、憨态可掬的一面通过短视频展现出来,就能吸引许多用户,特别是喜欢萌宠的用户前来围观。

也正是因为如此,短视频平台上兴起了一大批萌宠"网红"。例如,"会说话的刘二豆"抖音粉丝数超过 4400 万、快手粉丝超过 700 万,其内容以记录两只猫在生活中发生的趣事为主,短视频中经常出现抖音、快手上的"热梗",并配以"戏精"主人的表演,给人以轻松愉悦之感。图 2-4 所示为"会说话的刘二豆"发布的快手短视频。

要成为一名出色的萌宠类播主,得重点掌握一些内容策划的技巧,具体如下。

- 让萌宠人性化。比如,可以从萌宠的日常生活中找到它的"性格特征",并通过剧情的设计对萌宠的"性格特征"进行展示和强化。
- 让萌宠拥有特长。比如,可以通过不同的配乐展示宠物的舞姿,把宠物打造成舞王。
- 配合宠物演戏。比如,可以拍一个萌宠的日常,然后通过后期配音让萌宠和主人"说话"。

图 2-4 "会说话的刘二豆"发布的快手短视频

（3）萌妹子。萌妹子们身上通常都会自带一些标签，如爱撒娇、天然呆、温柔和容易害羞等。在这些标签的加持之下，用户在看到短视频中的萌妹子时，往往都会心生怜爱和保护之情。

短视频平台上的各种萝莉都非常火，她们不仅有着性感迷人的身材，而且经常穿着"lo 服"，甜美的造型加上萌妹的身材，很受宅男网友的欢迎。例如，"蔡萝莉"凭借着好身材、高颜值以及 COS(Costume 的简略写法，指角色扮演) 各种类型人物，在抖音、快手上受到了极大的关注。

3. 才艺展示

才艺包含的范围很广，除了常见的唱歌、跳舞之外，还包括摄影、绘画、书法、演奏、相声以及脱口秀等。只要短视频或直播中展示的才艺足够独特，并且能够让用户觉得赏心悦目，那么，短视频很容易就能火起来。

图 2-5 所示为两条快手热门短视频。可以看到，这两条短视频便是通过展示演奏才艺来吸引用户关注的。

4. 美景美食

关于"美"的话题，从古至今，有众多与之相关的词汇，如沉鱼落雁、闭月羞花、倾国倾城等，它们除了表示漂亮外，还附加了一些漂亮所引发的效果在内。可见，颜值高，还是有着一定影响力的，有时甚至会起决定作用。

图 2-5 展示演奏才艺的短视频

这一现象同样适用于短视频内容的打造。当然，这里的"美"并不仅仅是指人，它还包括美景、美食等。运营者可以通过在短视频中展示美景和美食，让用户共同欣赏。

从人的方面来说，除了先天条件外，想要变美，有必要在自己所展现出来的形象和妆容上下功夫：让自己看起来显得精神、有神采，而不是一副颓废的样子，这样也能明显提升颜值。

从景物、食物等方面来说，完全可以通过其本身的美再加上高超的摄影技术来提高颜值，并借助"美"来打造一个高推荐量、高播放量的短视频内容。图 2-6 所示为展示高颜值的美景、美食的短视频内容。

短视频平台的发展为许多景点带来了发展机遇。许多景点，甚至是城市也开始借助短视频和直播来吸引游客。比如，许多人在听了歌曲《成都》之后，会想看看"玉林路"和"小酒馆"的模样；许多人看到关于"摔碗酒"的短视频之后，会想去西安体验大口喝酒的豪迈；许多人看到重庆"穿楼而过的轻轨"时，会想亲自去重庆体验轻轨从头上"飞"过的奇妙感觉。

▶ 5. 技能传授

许多用户是抱着猎奇的心态看短视频的。那么，什么样的内容可以吸引这些用户呢？其中一种就是技能传授类的内容。

用户为什么会被吸引呢？因为用户在看到自己没有掌握的技能时，会感到不可思议。技能包含的范围比较广，既包括各种绝活，也包括一些小技巧。图 2-7 所示为一条展示厨房实用小技巧的短视频。

图 2-6　展示美景、美食的短视频

图 2-7　展示厨房实用小技巧的短视频

很多技能都是长期训练之后的结果，普通用户可能不能轻松掌握。其实，除了难以掌握的技能之外，运营者也可以在短视频中展示一些用户学得会、用得着的技能。许多爆红抖音的技能便属于此类，如图 2-8 所示。

与一般的内容不同，技能类的内容能让一些用户觉得像是发现一个新大陆。因为此前从未见过，所以会觉得特别新奇。如果用户觉得短视频中的技能在日常生活中用得上，就会进行收藏，甚至将其发给自己的亲戚朋友。因此，只要你在短视频中展示的技能在用户看来是实用的,那么,短视频的播放量通常会比较高。

```
爆红抖音的技能 ┬─ 抓娃娃"神器"、剪刀娃娃机等娱乐技能
                ├─ 快速点钞、创意地堆造型补货等超市技能
                ├─ 剥香肠、懒人嗑瓜子、剥橙子等"吃货"技能
                └─ 叠衣服、清洗洗衣机、清理下水道等生活技能
```

图 2-8　爆红抖音的技能示例

6. 信息普及

有时候专门打造内容比较麻烦,如果运营者能够结合自己的兴趣爱好和专业打造短视频内容,就一些大众比较关注的内容进行信息的普及,那么,内容的打造就会变得容易得多。如果用户觉得你普及的内容具有收藏价值,也会很乐意给你的内容点赞。

例如,快手号"全球宝藏音乐"主要是对音乐进行普及;快手号"笑阳说电影"主要是对电影进行普及。因为音乐和电影都有广泛的受众,而且其分享的内容对于用户也比较有价值,因此这两个快手号发布的内容都得到了不少用户的支持。图 2-9 所示为这两个快手号发布的短视频。

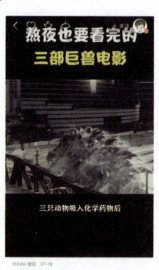

图 2-9　信息普及类短视频

7. 幽默搞笑

幽默搞笑类的内容一直都不缺观众。许多用户之所以经常看短视频，主要就是因为其中有很多内容能够逗人一笑。所以，那些笑点十足的内容，很容易在短视频平台中火起来。

8. 知识输出

如果看完短视频之后，能够获得一些知识，那么用户自然会对你发布的内容更感兴趣。许多人觉得化学这门科学学习起来比较难，也很难对它提起兴趣，而某抖音号结合世间万物将化学知识进行输出，让原本枯燥的课程变得具有趣味性。因而，其发布的抖音短视频很容易就吸引了大量用户的关注。

▶ 013 热门打造技巧

运营者制作的短视频如果上了热门，便可以获得更多流量，而随着流量的增加，短视频的带货变现效果也将不断增强。那么，到底什么样的短视频可以成为热门呢？本节将介绍短视频上热门的常见技巧。

1. 积极乐观，传达正能量

运营者在短视频中要体现出积极乐观的一面，向用户传达正能量。什么是正能量？百度百科给出的解释是："正能量指的是一种健康乐观、积极向上的动力和情感，是社会生活中积极向上的行为。"接下来，笔者将从 3 个方面进行解读，说明什么样的内容才是正能量的内容。

1) 好人好事

好人好事包含的范围很广，它既可以是见义勇为，为他人伸张正义；也可以是拾金不昧，主动将财物交还给失主；还可以是看望孤寡老人，慰问环卫工人。

用户在看到这类短视频时，会从那些做好人好事的人身上看到善意，感觉到这个社会的温暖。同时，这类短视频很容易触及用户柔软的内心，让其看到短视频后忍不住想要点赞。

2) 文化内容

文化内容包含书法、乐趣和武术等，这类内容在短视频平台中具有较强的号召力。如果运营者有文化内容方面的特长，可以用短视频的方式展示给用户，让其感受到文化的魅力。

3) 努力拼搏

当用户看到短视频中那些努力拼搏的身影时，会感受到满满的正能量，这能让用户在深受感染之余，从内心产生一种认同感。而对短视频内容表达认同最直接的一种方式就是点赞,因此,那些传达努力拼搏精神的短视频,通常比较容易获得较高的点赞量,进而快速成为热门短视频。

2. 设计剧情,增加反转

短视频中出人意料的反转,往往能让人眼前一亮。运营者在拍摄和制作这类短视频时,要打破惯性思维,使用户在看开头时猜不透结局的走向。当用户看到最终结果时,便会豁然开朗,忍不住为其点赞。

例如,一位女士在闺蜜面前好像什么都不在乎似的。闺蜜向她借口红涂一下,她并没有因为这是私人用品就不借,而是说随便拿;闺蜜借了钱没还,她说没关系,不用还了;闺蜜抢了她的男朋友,她非但不生气,还祝闺蜜和自己的男朋友百年好合。看到这位女士的上述表现之后,许多人都会认为这位女士很好说话。毕竟上面几件事无论是哪一件发生在自己身上,许多女性都会有一些生气,但这位女士却看上去满不在乎。

然而谁也没有想到的是,当这位女士的快递送到之后,她的闺蜜说已经帮她拆了,这位女士却马上变了脸色,一下子就变得满脸怒气了。也就是这一下,剧情马上就出现了反转。

这个短视频的反转剧情之所以能获得许多用户的点赞,主要就是因为闺蜜私拆自己的快递,与闺蜜用自己的口红、借了钱不还和抢了自己的男朋友相比,似乎并不算是什么大事。但是却没想到,就是这件看起来不太起眼的事,却触碰到了这位女士的底线。因此,这个短视频的反转也在许多人的意料之外。

3. 奇思妙想,融入创意

在短视频平台上,那些具有奇思妙想的短视频内容从来不缺少粉丝的点赞和喜爱。因为这些短视频都体现出微信视频号运营者的创意,让用户看完之后,感觉到奇妙,甚至是神奇。

短视频运营者可以结合自身优势,打造出创意视频。例如,一名擅长雕刻的账号运营者,拍摄了一条展示雕刻作品的短视频。用户在看到该短视频之后,因其独特的创意和高超的技艺而纷纷点赞,如图2-10所示。

创意类内容还包括一些"脑洞"大开的段子、搞笑视频以及日常生活中的创意等,这些内容中出其不意的反转格外吸睛,即使是相似的内容也能找到不同的笑点。

用户产生点赞的行为通常有两个出发点,一种是对视频内容的高度认可和喜欢,另一种是害怕以后再也刷不到这条视频,所以要进行收藏。创意视频则更偏向于前者,分享门槛低,可以说这是最容易激起转发查看欲望的一种视频类型了。

4. 系列内容,获取关注

短视频运营者将用户关注的内容制作成系列作品,这样做主要有两个好处,一是可以更全面地将相关内容展示给用户;二是只要系列作品中的第一个作品足够具有吸引力,那么整个系列作品就能获得许多用户的持续关注。

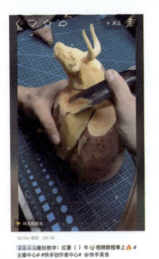

图 2-10　展示创意雕刻的短视频

图 2-11 所示为某快手账号发布的部分短视频,从中不难看出,它便是通过发布系列作品来获取用户持续关注的。

图 2-11　某快手账号发布的系列作品

014　标题制作方法

优秀的短视频标题能够吸引用户点进去查看内容,从而增加短视频登上热门的概率。因此,标题的制作就显得十分重要了。那么,热门短视频的标题要怎么写呢?

接下来，笔者就来进行介绍。

1. 拟写标题的原则

评判一个标题的好坏，不仅仅要看它是否有吸引力，还需要参照其他的一些原则。在遵循这些原则的基础上撰写的标题，能让你的短视频更容易上热门。这些原则具体如下。

1) 换位原则

运营者在拟定短视频标题时，不能只站在自己的角度去想要推出什么，而要站在用户的角度去思考。也就是说，应该把自己当成用户：如果你想解决这个问题，你会用什么关键词去搜索这个问题的答案，这样写出来的标题会更接近用户的心理。

因此，运营者在拟写标题前，可以先将有关的关键词输入搜索浏览器中进行搜索，然后从排名靠前的文案中找出它们写作标题的规律，再将这些规律用于自己要撰写的标题中。

2) 新颖原则

运营者可以采用多种方法让自己的标题形式变得新颖，笔者在这里介绍几种新颖标题的制作方法。

- 标题写作要尽量使用问句，这样比较能引起人们的好奇心，比如："谁来'拯救'缺失的牙齿？"这样的标题会更容易吸引用户。
- 标题要尽量写得细致，这样才会更有吸引力。
- 要尽量将短视频中的价值写出来，无论是查看这个短视频后所带来的利益，还是这个短视频中涉及的产品或服务所带来的利益，都应该在标题中直接告诉读者，从而增加标题对用户的影响力。

3) 关键词组合原则

如果大家仔细观察就会发现，能获得高流量的标题，都是拥有多个关键词并且将其进行组合之后的标题。这是因为，只有单个关键词的标题，它的排名影响力远不如含有多个关键词的标题。

例如，如果仅在标题中嵌入"面膜"这一个关键词，那么，用户只有搜索到"面膜"这一个关键词，短视频才会被搜索出来。而如果标题中含有"面膜""变美""年轻"等多个关键词，那么用户在搜索其中任一关键词的时候，短视频都会被搜索出来，而标题"露脸"的机会也就变多了。

2. 借助词根增加曝光

笔者在前文中介绍标题应该遵守的原则时，曾提及写标题要遵守关键词组合的原则，这样才能凭借更多的关键词增加内容的"曝光率"，让自己的内容出现在更多用户的面前。在这里笔者将介绍如何在标题中运用关键词。

在进行标题编写的时候，运营者需要充分考虑怎样吸引目标用户的关注。要实现这一目标，就需要从关键词着手。而要在标题中运用关键词，就需要考虑关键词是否含有词根。词根指的是词语的组成根本，只要有词根，我们就可以组成不同的词。运营者在标题中加入有词根的关键词，能将内容的搜索度提高。

例如，一个短视频标题为"十分钟教你快速学会手机摄影"，这个标题中的"手机摄影"就是关键词，而"摄影"就是词根。根据词根，我们可以写出更多与摄影相关的标题。用户一般会根据词根去搜索短视频，只要你的短视频标题中包含了该词根，那么，这个短视频就更容易被用户搜索到。

3. 体现内容的主旨

俗话说："题好一半文。"意思是说，一个好的标题就等于内容成功了一半。衡量一个标题好坏的方法有很多，而标题是否体现短视频的主旨就是其中的一个主要参考依据。

如果一个标题不能够做到用户看见它的第一眼就明白它想要表达的是什么，由此得出该内容是否具有点击查看的价值，用户在很大程度上就会放弃查看短视频。那么，标题是否体现主旨，将会造成什么样的结果呢？具体分析如图2-12所示。

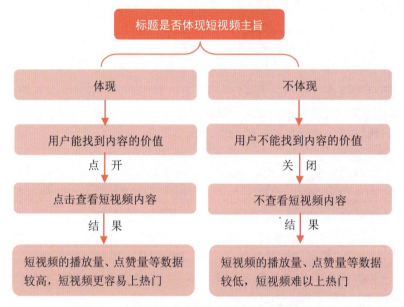

图2-12 标题是否体现短视频主旨造成的结果分析

经过分析，可以直观地看出，标题是否体现内容主旨会直接影响短视频的营销效果。所以，运营者若想要让自己的短视频登上热门，那么在编写标题的时候一定要多注意标题是否体现了主旨。

015 吸睛标题套路

在短视频内容的运营过程中，标题的重要性不言而喻，正如曾经流传的一句话："标题决定了 80% 的流量。"虽然其来源和准确性不可考，但由其流传之广可知，其中涉及的关于标题重要性的思想是值得重视的。

标题如此重要，那有没有什么方法能快速制作出吸睛标题，从而更好地打造爆款短视频呢？接下来，笔者就来介绍制作吸睛标题的 10 种常见套路。

1. 福利发送

福利发送型标题是指在标题上带有与"福利"相关的字眼，向用户传递一种"这个短视频就是来送福利的"的感觉，让用户自然而然地想要查看短视频内容。福利发送型标题准确地把握了用户想要获得好处的心理需求，让用户一看到"福利"的相关字眼就觉得有利可图，从而会忍不住想要了解短视频的内容。

福利发送型标题的表达方法有两种，一种是直接型，另一种则是间接型，如图 2-13 所示。虽然具体方式不同，但是效果相差无几。

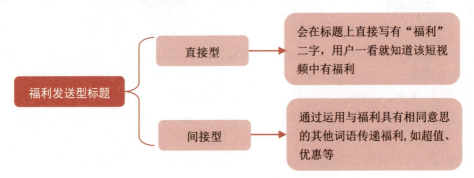

图 2-13 福利发送型标题的表达方法

值得注意的是，在撰写福利发送型标题的时候，无论是直接型，还是间接型，都应该掌握 3 点技巧，如图 2-14 所示。

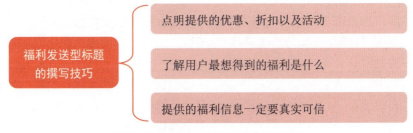

图 2-14 福利发送型标题的撰写技巧

福利发送型标题有直接福利型和间接福利型两种不同的表达方式，不同的标题案例有不同的特色，接下来，我们就看看这两种福利发送型标题的具体案例，如图2-15、图2-16所示。

图2-15　直接福利型标题

图2-16　间接福利型标题

这两种类型的福利发送型标题虽然稍有区别，但本质上都是通过"福利"来吸引用户的眼球，从而提升内容的点击率。福利发送型的标题通常会给用户带来一种惊喜之感，试想，如果标题中或明或暗地指出含有福利，你难道不会心动吗？

福利发送型标题既可以吸引用户的注意力，又可以为用户带来实际的利益，可谓是一举两得。当然，在撰写福利发送型标题时也要注意，不要因为侧重福利而偏离了主题，而且最好不要使用太长的标题，以免因此影响内容的传播效果。

2. 价值传达

价值传达型标题是指向用户传递一种查看了内容之后就可以掌握某些技巧或者知识的信号。这种类型的标题之所以能够引起用户的注意，是因为它抓住了人们想要从短视频中获取实际利益的心理。

许多用户都是带着一定目的刷短视频的，要么是希望其中含有福利，比如优惠和折扣；要么是希望能够学到一些有用的知识。因此，价值传达型标题通常能吸引一批用户的关注。

在打造价值传达型标题的过程中，往往会碰到这样一些问题，比如"什么样的技巧才算有价值？""价值传达型标题应该具备哪些要素？"等。那么，价值传达型标题到底应该如何撰写呢？笔者总结了3个技巧，如图2-17所示。

```
                    ┌── 使用比较夸张的语句突出内容价值
撰写价值传达型      │
标题的技巧         ├── 懂得一针见血地抓住用户的需求
                    │
                    └── 重点突出技巧知识点好学、好用
```

图 2-17　撰写价值传达型标题的技巧

值得注意的是，在撰写价值传达型标题时，最好不要提供虚假的信息，比如"一分钟一定能够学会 ××""3 大秘诀包你 ××"等。价值传达型标题虽然需要添加夸张的成分，但要把握好度，要有底线和原则。

价值传达型标题通常会出现在技术类的文案之中，主要为用户提供好用的知识和技巧。图 2-18 所示为价值传达型标题的典型案例。

图 2-18　价值传达型标题的案例

用户在看到这种价值传达型标题之后，会更加有动力去查看短视频内容，因为这种类型的标题会给用户一种学习这个技能很简单、不用花费过多的时间和精力就能学会的印象。

3. 励志鼓舞

励志鼓舞型标题最为显著的特点就是"现身说法"，它一般是用第一人称的方式讲故事，故事的内容包罗万象，但总体来说离不开成功的方法、教训以及经验等。

如今很多人都想致富，却苦于没有找到正确的方向，或没有足够的动力。如果此时让他们看到励志鼓舞型标题，让他们知道你是怎样打破枷锁、走上人生巅峰的，他们就很有可能对带有这类标题的内容感到好奇，因此这样的标题结构就会具有独特的吸引力。励志鼓舞型标题的模板主要有两种，如图 2-19 所示。

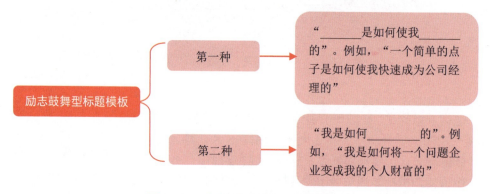

图 2-19　励志鼓舞型标题的两种模板

励志鼓舞型标题的好处在于煽动性强，容易制造一种鼓舞人心的感觉，能勾起用户的欲望，从而提升短视频的点击率和转发量。

那么，打造励志鼓舞型标题是不是单单依靠模板就好了呢？答案是否定的。模板固然可以借鉴，但在实际的操作中，还是要根据具体内容来编写特定的励志鼓舞型标题。总体来说有 3 种经验技巧可供借鉴，如图 2-20 所示。

图 2-20　打造励志鼓舞型标题可借鉴的经验技巧

一个成功的励志鼓舞型标题不仅能够带动用户的情绪，而且能促使用户对短视频产生极大的兴趣。图 2-21 所示为励志鼓舞型标题的典型案例展示，可以看到这些标题都带有较强的励志情感。

4. 揭露解密

揭露解密型标题是指为用户揭露某件事物不为人知的秘密的一种标题。大部分人都会对揭露和解密的内容有一些好奇心，而这种标题则恰好可以抓住用户的这种心理，从而充分引起用户的注意。

运营者可以利用揭露解密型标题做一个长期的专题，从而达到一段时间内或者长期凝聚用户的目的。而且，这种类型的标题比较容易打造，只需把握 3 大要点即可，如图 2-22 所示。

图 2-21　励志鼓舞型标题的案例

图 2-22　打造揭露解密型标题的要点

在制作揭露解密型标题时，最好在标题之中显示出冲突性和巨大的反差，这样可以有效吸引用户的注意力，使用户认识到短视频内容的重要性，从而愿意主动点击查看短视频内容。

图 2-23 所示为揭露解密型标题的案例，这两个标题都侧重于揭露事实真相，从标题上就做到了先发制人，因此能够有效吸引用户的目光。

5. 悬念制造

好奇是人的天性，悬念制造型标题就是利用人的好奇心，通过制造噱头来进行标题打造。标题中的悬念是一个引导用户查看内容的诱饵，因为大部分人看到标题里有未解答的疑问和悬念时，就会忍不住想要弄清楚到底怎么回事。这就是悬念制造型标题的套路。

图 2-23　揭露解密型标题的案例

悬念制造型标题在日常生活中运用得非常广泛，也非常受欢迎。人们在看电视综艺节目的时候，也会经常看到一些节目预告之类的广告，这些广告就常采取这种悬念制造型的标题来引起用户的兴趣，让用户对接下来的内容产生期待。利用悬念撰写标题的方法通常有 4 种，如图 2-24 所示。

图 2-24　利用悬念撰写标题的常见方法

悬念制造型标题的主要目的是增加短视频或直播的可看性，因此运营者需要注意的一点是，使用这种类型的标题，一定要确保内容确实是能够让用户感到惊奇、充满悬念的，不然就会引起用户的失望与不满，继而就会让用户对你的内容，乃至是账号失望。

悬念制造型标题是运营者比较青睐的标题形式之一，它的效果也是有目共睹的。

如果不知道怎么取标题，悬念制造型标题是一个很不错的选择。

如果悬念制造型标题仅仅只是为了制造悬疑，那么一般只能够博取大众 1～3 次的眼球，很难保留长时间的效果。如果标题太无趣、无法达到引流的目的，那么标题就失败了，会导致文案营销的活动也随之泡汤。因此，在设置悬念时，需要非常慎重，最好是有较强的逻辑性，切忌为了标题而忽略了营销的目的和内容本身的质量。

悬念制造型标题是运用得比较频繁的一种标题形式，很多短视频都会采用这一标题形式来吸引用户的注意力，从而达到较为理想的营销效果和传播效果。图 2-25 所示为悬念制造型标题的典型案例。看到这两个标题之后，用户会想要知道：没想到的是什么？实际上是怎么样的？这便很好地在用户心中制造了悬念。

图 2-25 悬念制造型标题的案例

6. 借势热点

借势热点是一种常用的标题制作手法，借势不仅完全是免费的，而且效果还很可观。借势热点型标题是指在标题上借助社会上一些事实热点、新闻的相关词汇来给短视频造势，增加短视频的播放量。

借势一般都是借助最新的热门事件吸引用户的眼球。因为实事热点拥有一大批关注者，而且传播的范围也会非常广，短视频的标题借助这些热点，内容曝光率会得到明显的提高。

那么，在创作借势热点型短视频标题的时候，应该掌握哪些技巧呢？笔者认为，可以从 3 个方面来努力，如图 2-26 所示。

短视频直播带货从入门到精通（108招）

```
                        ┌─ 时刻保持对时事热点的关注
    打造借势热点型       │
    标题的技巧         ─┼─ 懂得把握标题借势的最佳时机
                        │
                        └─ 将明星热门事件作为标题内容
```

图2-26 打造借势热点型短视频标题的技巧

　　例如，2020年7月电视剧《重启之极海听雷》热播，一时之间该剧受到了许多人的关注。也正是因为如此，该剧成为一大热点。于是，一些短视频运营者也借助该热点制作了标题，如图2-27所示。

图2-27 借势热点型标题的案例

　　值得注意的是，在打造借势热点型标题的时候，要注意两个问题：一是带有负面影响的热点不要用，大方向要积极向上，充满正能量，能带给用户正确的思想引导；二是最好在借势热点型标题中加入自己的想法和创意，然后将发布的内容与之相结合，做到借势和创意的完美同步。

7. 警示用户

　　警示用户型标题常常通过发人深省的内容和严肃深沉的语调给用户以强烈的心理暗示，从而给用户留下深刻印象。尤其是警示型的新闻标题，常常被很多运营者所追捧和模仿。

　　警示用户型标题是一种有力量且严肃的标题，也就是通过标题给人以警醒作用，从而引起用户的高度注意。它通常会将3种内容移植到标题中，即警示事物的主要特征、警示事物的重要功能和警示事物的核心作用。

那么，警示用户型标题应该如何构思和打造呢？很多人只知道警示用户型标题容易夺人眼球，但具体如何撰写却是一头雾水。笔者在这里想分享3点技巧，如图2-28所示。

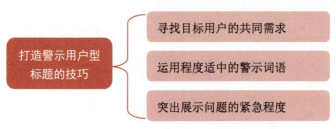

图2-28　打造警示用户型标题的技巧

在打造警示用户型标题时，需要注意运用的内容是否恰当，因为并不是所有内容都可以使用这种类型标题的。

这种标题形式运用得恰当，能为短视频加分，起到其他标题无法替代的作用。但运用不当的话，很容易让用户产生反感情绪或引起一些不必要的麻烦。因此，运营者在使用警示用户型标题的时候要谨慎小心，注意用词要恰如其分，绝对不能不顾内容胡乱取标题。

警示用户型标题可以应用的场景很多，无论是技巧类的内容，还是供大众娱乐消遣的娱乐八卦新闻，都可以用到这一类型的标题形式。图2-29所示为运用警示用户型标题的案例。第一个短视频中的"注意"，让用户一眼就锁定标题，从而对短视频内容产生兴趣；而第二个短视频中的"警惕"，则既起到了警示用户的作用，又吸引了用户的注意力。

选用警示用户型标题这种形式，主要是为了提升用户的关注度，大范围地传播短视频。因为警示的方式往往更加醒目，触及用户的利益。如果这样做可能会让自己的利益受损，那么本来不想看的用户，可能也会点击查看。因为涉及自身利益的事情用户都是比较关心的。

8. 紧急迫切

很多人或多或少都会有一点拖延症，总是需要在他人的催促下才愿意动手做一件事。紧急迫切型标题有一种类似于催促用户赶快查看短视频的意味在里面，它能够传递给用户一种紧迫感。

使用紧急迫切型标题时，往往会让用户产生现在不看就会错过的感觉，从而立马查看短视频。那么，这类标题具体应该如何打造呢？笔者将其相关技巧总结为3点，如图2-30所示。

图 2-29 警示用户型标题的案例

图 2-30 打造紧急迫切型标题的技巧

打造紧急迫切型标题的技巧：
- 在急迫之中结合用户的痛点和需求
- 突出显示文案内容需要阅读的紧迫性
- 加入"赶快行动""手慢无"等词语

紧急迫切型标题，能够促使短视频用户赶快行动起来，而且也是切合短视频用户利益的一种标题打造方法。图 2-31 所示为紧急迫切型标题的典型案例。

9. 独家分享

独家分享型标题，也就是从标题上体现运营者所提供的信息是特有的珍贵资源，让用户觉得该短视频值得点击和观看。从用户的心理而言，独家分享型标题所代表的内容一般会给人一种自己率先获知、别人所没有的感觉，因而在心理上更容易获得满足。

独家分享型标题会给用户带来独一无二的荣誉感，同时还会使得短视频的内容更加具有吸引力。那么在撰写这样的标题时，我们应该怎么做呢？是直接点明"独家资源，走过路过不要错过"，还是运用其他的方法来暗示用户这条短视频内容与众不同呢？

图 2-31 紧急迫切型标题的案例

在这里,笔者想提供 3 点技巧,帮助大家成功打造出夺人眼球的独家分享型标题,如图 2-32 所示。

图 2-32 打造独家分享型标题的技巧

使用独家分享型标题的好处在于可以吸引更多的用户,让用户觉得内容比较珍贵,从而主动帮你宣传和推广短视频,让短视频的内容得到广泛的传播。图 2-33 所示为独家分享型标题的典型案例。

独家分享型标题往往也暗示着内容的珍贵性,因此撰写者需要注意,如果标题使用的是带有独家性质的形式,就必须保证内容也是独一无二的,独家性标题要与独家性内容相结合。

10. 数字具化

数字具化型标题是指在标题中呈现出具体的数字,通过数字的形式来概括相关的主题内容。数字不同于一般的文字,它会带给用户比较深刻的印象,让用户更加直观地把握短视频内容。采用数字具化型标题有不少好处,具体体现在 3 个方面,如图 2-34 所示。

图 2-33 独家分享型标题的案例

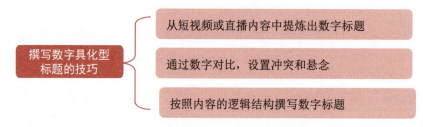

图 2-34 数字具化型标题的好处

数字具化型标题也很容易打造，它是一种概括性的标题，只要做到 3 点就可以撰写出来，如图 2-35 所示。

图 2-35 撰写数字具化型标题的技巧

此外，数字具化型标题还包括很多不同的类型，比如时间和年龄等，具体来说可以分为 3 种，如图 2-36 所示。

数字具化型标题比较常见，它通常会采用悬殊对比、层层递进等方式呈现，目的是营造一个比较新奇的情景，对用户产生视觉上和心理上的冲击。图 2-37 所示为数字具化型标题的案例。

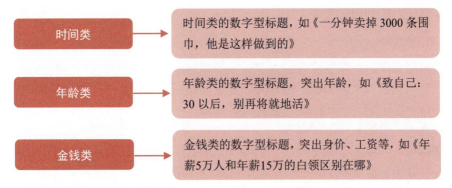

图 2-36 数字具化型标题的类型

图 2-37 数字具化型标题的案例

事实上,很多内容都可以通过具体的数字总结和表达,只要把想重点突出的内容提炼成数字即可。同时还要注意的是,在打造数字具化型标题时,最好使用阿拉伯数字,统一数字格式,且尽量把数字放在标题的前面。

016 标题撰写误区

在撰写标题时,短视频运营者还要注意不要走入误区,一旦标题失误,便会对短视频的带货效果造成不良的影响。本节将从标题容易出现的 6 个误区出发,介绍如何更好地打造短视频标题。

1. 表述含糊

在撰写标题时，要注意避免为了追求标题的新奇性而出现表述含糊的现象。很多短视频运营者为了使自己的短视频标题更加吸引用户的目光，会一味地追求标题上的新奇，这可能会导致标题的语言含糊其词。

何为表述含糊？所谓"含糊"，是指语言不确定，或者表达的方式及表达的含义模棱两可。如果在标题上表述"含糊"，那么短视频用户看到标题后可能完全不知道短视频运营者想要说什么，甚至觉得整个标题都很乱，完全没有重点。

因此，在撰写标题时，短视频运营者尤其要注意标题表达的清晰性，要让短视频用户在看到标题的时候，就能知道短视频内容大致是什么。一般来说，要想表述清晰，就要找准内容重点，明确内容中的名词，如人名、地名、事件名等。

2. 无关词汇

一些短视频运营者为了让自己的标题变得更加有趣，会使用一些与标题没有太大联系，甚至是根本没有关联的词汇夹杂在标题之中，想以此来达到吸引短视频用户注意力的效果。

这样的标题可能在刚开始时能引起短视频用户的注意，短视频用户可能也会被标题所吸引而点击查看内容。但时间一久，短视频用户便会拒绝这种随意添加无关词汇的标题。这个结果所造成的影响对于一个品牌或者产品来说是长久的。所以，短视频运营者在撰写标题时，一定不要将无关词汇使用到标题中。

在标题中使用的无关词汇，也有很多种类型，具体如图2-38所示。

图2-38 在标题中使用无关词汇的类型

在撰写标题时，词汇的使用一定要与文案标题和内容有所关联。短视频运营者不能为了追求标题的趣味性而随意乱用无关词汇，而应该学会巧妙地将词汇与文案标题的内容紧密结合，使词汇和标题内容融会贯通，相互照应，只有做到如此，才算得上是一个成功的标题。否则，不仅会对短视频用户造成一定程度的欺骗，也会变成所谓的"标题党"。

3. 负面表达

撰写一个标题，其目的就在于吸引短视频用户的目光，只有标题吸引到了短视频用户的注意，短视频用户才会想要去查看短视频的内容。基于这一情况，也让标题出现了一味追求吸睛而大面积使用负面表达的情况。

人天生都愿意接受好的东西，而不愿意接受坏的东西，趋利避害是人的天性。这一现状也提醒着短视频运营者，在撰写标题时要尽量避免太过负面的表达方式，而要用正面的、健康的、积极的方式进行表达，给短视频用户一个好的引导。

例如，在介绍食用盐时，最好采用"健康盐"的说法，如《教你如何选购健康盐》，避免使用"对人体有害"这一负面表达，这样才能让短视频内容和产品更容易被短视频用户所接受。

4. 虚假自夸

短视频运营者在撰写标题时，虽说要用到文学中的一些手法，如夸张、比喻等，但这并不代表毫无上限地夸张，把没有的说成有的，把虚假说成真实。在没有准确数据和调查结果的情况下冒充"第一"，这在标题的撰写中是不可取的。

短视频运营者在撰写标题时，要结合自身品牌的实际情况，进行适当的艺术上的加工，而不能随意夸张，胡编乱造。如果想要使用"第一"或者意思与之相似的词汇，不仅要得到有关部门的允许，还要有真实的数据调查。如果随意使用"第一"，不仅会对自身品牌形象造成不好的影响，还会对短视频用户造成欺骗和误导。当然，这也是法律所不允许的。

5. 比喻不当

比喻式的文案标题能将某事物变得更为具体和生动，具有化抽象为具体的强大功能。所以，采用比喻的形式撰写标题，可以让短视频用户更加清楚地理解标题中表达的内容，或者是短视频运营者想要表达的思想和情绪。这对于提高短视频的相关数据也能起到十分积极的作用。

但是，在标题中运用比喻，也要十分注意比喻是否恰当的问题。一些作者在用比喻式的文案标题来吸引用户目光的时候，常常会出现比喻不恰当的错误，也就是指本体和喻体没有太大联系，甚至毫无相关性。

如果使用的短视频标题比喻不当，运营者就很难在文案标题之中达到自己想要的效果，那么标题也就失去了它存在的意义。这样的标题不仅不能被用户接受和喜爱，还可能会因为比喻不当而让用户产生怀疑和困惑，这势必会对短视频的传播产生不良的影响。

6. 强加于人

强加于人，就是将一个人的想法或态度强行加到另一个人身上，而不管对方是否喜欢，是否愿意。在撰写标题中，"强加于人"就是指短视频运营者将本身或者某一品牌的想法和概念植入标题之中，强行灌输给短视频用户，给短视频用户一种气势凌人的感觉。

当一个标题太过气势凌人的时候，短视频用户不仅不会接受该标题所表达的想法，还会产生抵触心理——越是想让短视频用户看，短视频用户就越是不会看；越是想让短视频用户接受，短视频用户就越是不接受。如此循环往复，最后受损失的还是短视频运营者自己，或者是某品牌自身。例如，《如果秋冬你只能买一双鞋，那必须是它》《今年过节不收礼，收礼只收洁面仪！》就是"强加于人"的典型标题案例。

▷ 017 视频文案写作

文案是商业宣传中较为重要的一个环节，从其作用来看，优秀的文案具备强烈的感染力，能够给商家带来数倍的收益和价值。在信息繁杂的网络时代，并不是所有的文案都能够获得成功，尤其是对于缺乏技巧的文案而言，获得成功并不是轻而易举的事情。

从文案写作的角度出发，文案内容的感染来源主要分为5个方面，而我们写短视频文案，就需要从这5个方面出发，本节将对文案写作的相关要求进行重点解读。

1. 根据规范进行宣传

随着互联网技术的发展，每天更新的信息量是十分惊人的。"信息爆炸"的说法就来源于信息的增长速度，庞大的原始信息量和更新的网络信息量通过新闻、娱乐和广告信息等传播媒介作用于每一个人。

对于文案创作者而言，要想让文案被大众认可，并能够在庞大的信息量中脱颖而出，首先需要做到的就是准确性和规范性。

在实际应用中，准确性和规范性是任何文案写作的基本要求，具体的内容分析如图2-39所示。

之所以要准确、规范地进行短视频文案的写作，主要就是因为准确和规范的文案信息更能够被用户理解，从而促进短视频的有效传播，节省产品的相关资金投入和人力资源投入等，从而为运营者创造更好的效益。

2. 围绕热点打造内容

热点之所以能成为热点，就是因为有很多人关注，把它给炒热了。而一旦某个内容成为热点之后，许多人便会对其多一分兴趣。所以，在短视频文案写作的过程中，如果能够围绕热点打造内容，便能起到更好地吸引用户的作用。

例如，某演员出演的某电视剧大火之后，许多女生便对剧中他扮演的角色非常喜爱，甚至希望自己的男友也能像剧中该演员扮演的角色那样对待自己。于是，便将该演员称为"现男友"。因此,随着该电视剧的热播和该演员的走红,"现男友"一词一时之间也成为一个热点。

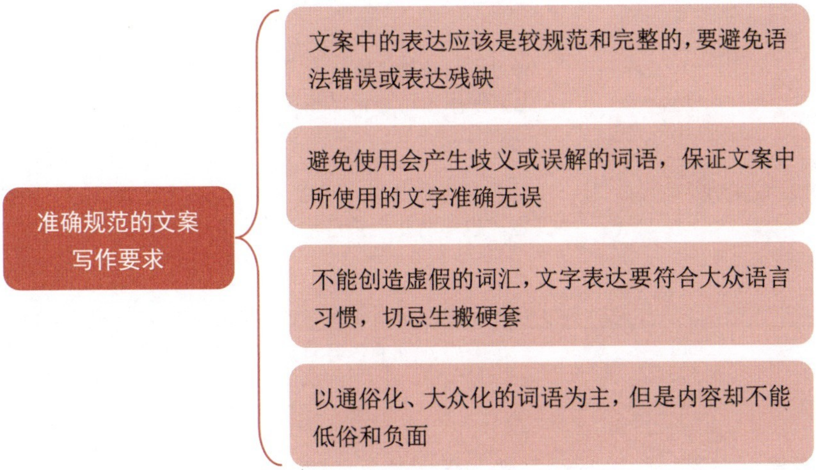

准确规范的文案写作要求
- 文案中的表达应该是较规范和完整的,要避免语法错误或表达残缺
- 避免使用会产生歧义或误解的词语,保证文案中所使用的文字准确无误
- 不能创造虚假的词汇,文字表达要符合大众语言习惯,切忌生搬硬套
- 以通俗化、大众化的词语为主,但是内容却不能低俗和负面

图 2-39　准确规范的文案写作要求

某手机品牌正是看到了许多人的想法,于是邀请该演员进行代言,并围绕"现男友"一词,打造了短视频文案内容。果然,该短视频文案发布之后,短期内便吸引了大量用户的关注,该短视频的多项数据也创造了短视频领域的新高。由此不难看出围绕热点打造内容对于短视频宣传推广的助益。

3. 立足定位精准营销

精准定位同样属于文案的基本要求之一,每一个成功的广告文案都具备这一特点。文案创作者要想做到精准的内容定位,可以从 4 个方面入手,如图 2-40 所示。

4. 形象生动赢得关注

形象生动的文案表达,非常容易营造出画面感,从而加深受众的第一印象,让用户看一眼就能记住文案内容。对文案创作者而言,每一个优秀的文案在最初都只是一张白纸,需要创作者不断地添加内容,才能够最终成型。要想更有效地完成文案,创作者就需要对相关的工作内容有一个完整认识。

而一则生动形象的文案则可以通过清晰的别样表达,在吸引用户关注、快速让用户接收短视频文案内容的同时,激发用户对短视频中产品的兴趣,从而促进产品信息的传播和销售。

5. 运用创意留下印象

创意对于任何行业的文案都十分重要,尤其是在网络信息极其发达的当今社会,自主创新的内容往往能够让人眼前一亮,进而获得更多的关注。

短视频直播带货从入门到精通（108招）

```
                          ┌─ 简单明了，以尽可能少的文字表达出产品精髓，保证
                          │  广告信息传播的有效性
                          │
                          ├─ 尽可能打造精练的广告文案，用于吸引用户的注意力，
      ┌──────────┐        │  也方便用户迅速记忆相关内容
      │精准内容定位的│       │
      │  相关分析  │────────┤
      └──────────┘        ├─ 在语句上使用简短文字的形式，更好地表达文字内
                          │  容，也可防止用户产生阅读上的反感
                          │
                          └─ 从用户出发，对消费者的需求进行换位思考，并将相
                             关的有针对性的内容直接表现在文案中
```

图 2-40　精准内容定位的相关分析

　　创意是为文案主题进行服务的，所以文案中的创意必须与短视频的主题有着直接的关系，创意不能生搬硬套，牵强附会。对于正在创作中的文案而言，要想突出文案特点，在保持创新的前提下，还需要通过多种方式更好地打造文案内容。文案表达主要有 8 个方面的要求，具体为词语优美、方便传播、易于识别、内容流畅、契合主题、易于记忆、符合音韵和突出重点。

018　评论文案写作

　　说到短视频文案，大多数运营者可能更多的是想到短视频的内容文案。其实，除此之外，在短视频的运营过程中还有一个必须重点把握的文案部分，那就是短视频评论区文案。那么，评论区文案的写作有哪些技巧呢？本节将进行具体的分析。

1. 根据视频内容自我评价

　　短视频文案中能够呈现的内容相对有限，这就有可能出现一种情况，那就是有的内容需要进行一些补充，此时运营者便可以通过评论区的自我评价来进行表达。另外，在短视频刚发布时，短视频的用户不是很多，也不会有太多用户评论，此时如果进行自我评价，也能从一定程度上起到提高用户短视频评论数量的作用。

　　图 2-41 所示为运营者在评论区进行自我评价的案例。该短视频的运营者在发布短视频之后，主动进行了自我评价，并且在评价中插入了产品的详情链接。用户只需点击该链接，便可进一步了解短视频中产品的相关信息。

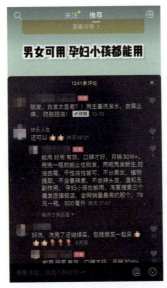

图 2-41　根据短视频内容在自我评价中插入产品信息

2. 通过回复评论引导用户

除了自我评价补充信息之外，运营者在创作评论文案时，还需要做好一件事，那就是通过回复评论解决用户的疑问，引导用户的情绪，从而提高产品的销量。

运营者在发布短视频后，可以对评论中用户的一些疑问进行回复，让用户明白怎样进行购买、有哪些人群能够用得上等。而疑问得到解答之后，用户的购买需求自然会得到一定的提升，在这种情况下，短视频的带货能力也就增强了。

3. 回复评论的注意事项

回复用户的评论看似是一件再简单不过的事，实则不然。为什么这么说呢？主要是因为在回复评论时还有一些需要注意的事项，具体如下。

1) 第一时间回复评论

运营者应该尽可能在第一时间回复用户的评论，这主要有两个方面的好处：一是快速回复用户能够让用户感觉到你对他很重视，这样自然能增加用户对你和你的短视频账号的好感；二是回复评论能够从一定程度上增加短视频的热度，让更多用户看到你的短视频。

那么，运营者要如何做到第一时间回复评论呢？其中一种比较有效的方法就是在短视频发布的一段时间内，及时查看用户的评论。一旦发现有新的评论，便在第一时间做出回复。

2) 不要重复回复评论

对于相似的问题，或者同一个问题，运营者最好不要重复进行回复，这主要有两个原因：一是很多用户的评论中或多或少会有一些营销的痕迹，如果重复回复，那么在评论界面中便会看到很多有广告痕迹的内容，而这些内容往往会让用户产生反感情绪；二是相似的问题，点赞相对较高的问题会排到评论的靠前位置，运营者只需对点赞较高的问题进行回复，其他有相似问题的用户自然就能看到，而且这样还能减少评论的回复工作量，节省大量的时间。

3）注意规避敏感词汇

对于一些敏感的问题和敏感的词汇，运营者在回复评论时一定要尽可能规避。当然，如果不可避免，也可以采取迂回战术，如不对敏感问题作出正面的回答、用一些其他意思相近的词汇或用谐音代替敏感词汇。

▶ 019 文案写作禁区

与硬广告相比，短视频文案不仅可以提高品牌的知名度、美誉度，同时还能提升产品的销量。然而，想要撰写出一个优质的短视频文案却并非易事，它对写作者的专业知识和文笔功夫有着很高的要求。

不少运营人员和文案编辑人员在创作文案时，往往因为没有把握住文案编写的重点事项而以失败告终。下面就盘点一下文案写作过程中需要注意的6大禁忌事项。

1. 中心不明，乱侃一通

有的文案人员在创作文案时，喜欢兜圈子，可以用一句话表达的意思非要反复强调。这样不但降低了文案内容的可读性，还可能会令读者嗤之以鼻。尽管短视频文案是广告的一种，但它追求的是"润物细无声"，在无形中将所推广的信息传达给目标客户，过度地说空话、绕圈子，会有吹嘘之嫌。

此外，文案是为推广服务的，因而每篇文案都应当有明确的主题和内容焦点，并围绕该主题和焦点进行文字创作。然而，有的短视频运营者在创作文案时偏离主题和中心，乱侃一通，导致用户一头雾水，营销力也大打折扣。

2. 记流水账，没有亮点

文案写作只需要集中展示一个亮点即可，这样的文案才不会显得杂乱无章，并且更能扣住核心内容。不管是怎样的文案，都需要选取一个细小的点来展开脉络。总之，一个亮点才能将文字有主题地聚合起来，形成一个价值性强的文案。

如今，很多文案在传达某一信息时，看上去就像记"流水账"一般，毫无亮点，这样的文案其实根本就没有太大的价值，并且这样的文案内容较多，往往导致可看性大大降低，让用户不知所云。

3. 有量没质，当成任务

文案相对于其他营销方式，成本较低，成功的文案也有一定的持久性。文案成功发布后，就会始终存在，除非发布的那个网站倒闭了。当然，始终有效并不代表马上就能见效，于是有的运营者一天会发布几十个文案到门户网站。

事实上，文案营销并不是靠数量就能取胜的，更重要的还在于质量，一个高质量的文案胜过十几个一般的文案。然而事实却是，许多短视频运营者把短视频文案的发布当成一个任务，为了保证推送的频率，宁可发一些质量相对较差的文案。

比如，有的抖音号几乎每天都会发布短视频，但是自己的原创内容却很少。而这种不够用心的文案推送，所导致的后果往往就是内容发布出来之后却没有多少人看。

除此之外，还有部分短视频账号运营者仅仅将内容的推送作为一个自己要完成的任务，只是想着要按时完成，而不注重内容是否可以吸引到目标用户。甚至有的运营者会将完全相同的文案内容进行多次发布。像这一类的文案，质量往往没有保障，并且点击量等数据也会比较低。

针对"求量不求质"的运营操作误区，短视频账号运营者应该怎样避免呢？办法有两个，具体如下。

(1) 加强学习，了解文案营销的流程，掌握文案撰写的基本技巧。

(2) 聘请专业的文案营销团队撰写文案。

4. 书写错误，层出不穷

众所周知，报纸杂志在出版之前，都要经过严格审核，保证文章的正确性和逻辑性，尤其是涉及重大事件或是国家领导人，一旦出错就需要追回重印，损失巨大。文案常见的书写错误包括文字、数字、标点符号以及逻辑等方面，短视频账号运营者必须严格进行校对，防止书写错误风险的出现。

(1) 文字错误。文案中常见的文字错误为错别字，例如一些名称错误，包括企业名称、人名、商品名称、商标名称等。对于文案尤其是营销文案来说，错别字会影响文案的质量，这种错误在报纸中尤其要避免。

例如，报纸的定价，有些报刊错印成了"订价"，还错误地解释为"订阅价"不是报纸完成征订后的实际定价，好像发布广告时是一个价，到订报纸时是另一个价，这必定是不符合实际的。

(2) 数字错误。参考国家《关于出版物上数字用法的试行规定》《国家标准出版物上数字用法的规定》及国家汉语使用数字有关要求，数字使用有 3 种情况：一是必须使用汉字；二是必须使用阿拉伯数字；三是汉字和阿拉伯数字都可用，但要遵守"保持局部体例上的一致"这一原则。在报刊等文章校对检查中，错得最多的就是第三种情况。

例如"1 年半"，应为"一年半"，"半"也是数词，"一"不能改为"1"；

再如，夏历月日误用阿拉伯数字，"8月15中秋节"应改为"八月十五中秋节"；"大年30"应改为"大年三十"；"丁丑年6月1日"应改为"丁丑年六月一日"。还有世纪和年代误用汉字数字，如"十八世纪末""二十一世纪初"，应写为"18世纪末""21世纪初"。

此外，较为常见的还有数字丢失，如"中国人民银行2020年第一季度社会融资规模增量累计为11.08亿元"。我们知道，一个大型企业每年的信贷量都在几十亿元以上，那么，整个国家的货币供应量怎么可能只有"11.08亿元"？所以，根据推测，应该是丢失了"万"字，应为"11.08万亿元"。

（3）标点错误。无论是哪种文章中，标点符号错误都是应该要尽力避免的。在文案创作中，常见的标点错误包括以下几种。

- 引号用法错误。这是标点符号使用中错得最多的一种。不少报刊对单位、机关、组织的名称，产品名称、牌号名称都用了引号。其实，只要不发生歧义，名称一般都不用引号。
- 书名号用法错误。证件名称、会议名称（包括展览会）不用书名号。但有的报刊把所有的证件名称，不论名称长短，都用了书名号，这是不合规范的。
- 分号和问号用法常见错误。这也是标点符号使用中错得比较多的。主要是简单句之间用了分号；不是并列分句，不是"非并列关系的多重复句第一层的前后两部分"；不是分行列举的各项之间，都使用了分号，这是错误的。还有的两个半句合在一起构成一个完整的句子，但中间也用了分号。有的句子已很完整，与下面的句子并无并列关系，该用句号，却用成了分号，这也是不对的。

（4）逻辑错误。所谓逻辑错误是指文案的主题不明确，全文逻辑关系不清晰，存在语意与观点相互矛盾的情况。

5. 脱离市场，闭门造车

大部分文案本身就是为企业产品和品牌的营销服务的，如果在制作文案时脱离市场，闭门造车，那么文案内容可能无法吸引大量目标用户的目光，而文案自然也就难以达到预期的营销效果了。

所以，文案创作者在编写和发布文案时，必须进行市场调研，了解产品情况，这样才能写出切合实际、能获得消费者认可的文案。在文案编写过程中，应该充分了解产品，具体分析如图2-42所示。

而从消费者方面来说，应该迎合消费者的各种需求，关注消费者感受。营销定位大师特劳特曾说过："消费者的心是营销的终极战场。"那么文案也要研究消费者的心智需求，也要以此为出发点，具体内容如下。

（1）安全感。人是趋利避害的，内心的安全感是最基本的心理需求，把产品的功用和安全感结合起来，是说服客户的有效方式。

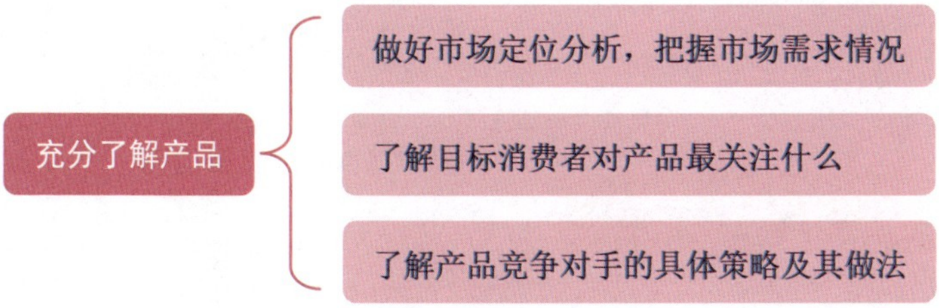

```
                    ┌─ 做好市场定位分析,把握市场需求情况
         充分了解产品 ├─ 了解目标消费者对产品最关注什么
                    └─ 了解产品竞争对手的具体策略及其做法
```

图 2-42 充分了解产品的相关分析

比如,新型电饭煲的平台销售文案说,这种电饭煲在电压不正常的情况下能够自动断电,能有效防范用电安全问题。这一要点的提出,对于关心电器安全的家庭主妇来说,一定是个攻心点。

(2) 价值感。得到别人的认可是一种自我价值实现的满足,将产品与实现个人的价值感结合起来可以打动客户。脑白金打动消费者掏钱的原因恰恰是满足了他们孝敬父母的价值感。

例如,销售豆浆机的文案可以这样描述:"当孩子们吃早餐的时候,他们多么渴望不再去街头买豆浆,而喝上刚刚榨出来的纯正豆浆啊!当妈妈将热气腾腾的豆浆端上来的时候,看着手舞足蹈的孩子,哪个妈妈会不开心呢?"这种文案使妈妈的价值感油然而生,会激发为人父母的消费者的购买意愿。

(3) 支配感。"我的地盘我做主",每个人都希望表现出自己的支配权利来。支配感不仅是对自己生活的一种掌控,也是源于对生活的自信,更是文案要考虑的出发点。

(4) 归属感。归属感实际就是标签,你是哪类人,无论是成功人士、时尚青年,还是小资派、非主流,每个标签下的人都有一定特色的生活方式,他们使用的商品、他们的消费行为都表现出一定的亚文化特征。

比如,对追求时尚的青年,销售汽车的文案可以写:"这款车时尚、动感,改装也方便,是玩车一族的首选。"对于成功人士或追求成功的人士,可以这样写:"这款车稳重、大方,开出去见客户、谈事情比较得体,也有面子。"

6. 不能坚持,难以取胜

文案营销的确需要通过发布文案来实现,如果把平台文案运营比作一顿丰盛的午餐,那么,文案的干货内容就是基本的食材,文案的编写是食材的相互组合和制作,文案的发布就是餐盘的呈现顺序和摆放位置,这些都需要一个全盘策划,平台文案营销也是如此。

文案营销需要有一个完整的策划,需要根据企业的行业背景和产品特点策划文案营销方案,根据企业的市场背景做媒体发布方案等,而不仅仅是文案的发布这一个动作。关于文案的策划流程,具体介绍如图 2-43 所示。

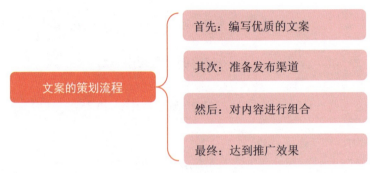

图 2-43 文案的策划流程

对于营销推广文案的发布,不同的运营者发布的频率也不同。有的人一天发好多篇,天天在发;但也有的人一年发一次、两次。笔者了解到,许多短视频运营者觉得文案可以带来一些口碑,但是直接带来的客户还是比较有限的,因此许多人只是在工作之余才发几篇文案。

其实,文案营销是一个长期过程,不要想着只发一个文案就能带来多少的流量,带来多少的效益;也不应"三天打鱼,两天晒网",不是今天发十个,下个月想起来了再发几个,毫无规律。

文案营销,从实质上来说,并不是直接促成成交的推广,但长期有规律的文案发布可以提升企业品牌形象,提高潜在客户的成交率。所以,要想让文案营销对用户产生深刻的影响,还要长期坚持文案推送。

潜在用户一般通过广告认识企业,但最终让他们决定购买的往往是长期的文案催化。当用户长期见到这个品牌文案,就会不知不觉地记住它,潜意识里会形成好印象,最后当用户需要相关产品时,就会购买了。

因此,在短视频平台的运营中,文案的编写和发布是要长期坚持的,对文案营销而言,"坚持就是胜利"并不只是说说而已,它要求运营者去具体实施,并在这一过程中获取胜利的目标。对于坚持而言,它有两个方面值得运营者注意,一是方向的正确性,二是心态与行动的持续性。

(1) 方向的正确性。只有保证在坚持的过程中方向正确,才能不会有与目标南辕北辙的情况出现,才能尽快实现营销目标。在文案营销中,方向的正确性具体可表现在市场大势的判断和营销技巧、方式的正确选择上。

(2) 心态与行动的持续性。在文案营销过程中,必须在心态上保持不懈怠、行动上继续走下去,才能更好地获得成功。短视频运营者要想获得预期的文案营销效果,长久、坚持不懈的经营可以说是不可或缺的。

第 3 章

带货平台：
快速入驻开启带货之路

学前提示

不同的短视频直播平台，面向的目标用户也不尽相同。而运营者要充分发挥自身的带货能力，就要找到自己的核心用户，也就是找到适合的带货平台。

这一章，笔者就来重点讲解入驻短视频直播平台的方法和技巧，帮助各位短视频运营者快速开启直播带货之路。

要点展示

- ▶ 常见直播模式
- ▶ 选择直播平台
- ▶ 抖音开通直播
- ▶ 快手开通直播
- ▶ B 站开通直播
- ▶ 西瓜开通直播
- ▶ 火山开通直播
- ▶ 微视开通直播
- ▶ 直播带货规范
- ▶ 直播带货误区

020　常见直播模式

不同的带货模式达到的效果也不同，因此，商家和主播在进行短视频直播带货之前，需要先选择合适的带货模式。纵观各大短视频平台，其中比较常见的直播模式主要有 5 种，接下来笔者分别进行解读。

1. 品牌直播模式

品牌直播模式就是针对单个品牌进行的短视频直播，用以销售本品牌旗下的产品。图 3-1 所示为某品牌的短视频直播画面。

图 3-1　某品牌的短视频直播画面

因为这种模式通常只销售一种品牌的产品，所以进行直播的通常都是品牌的官方账号或品牌授权的账号运营者。相比于其他直播模式，因为品牌直播是品牌官方账号或授权账号进行的直播，所以销售的产品基本都是正品，产品的质量比较有保障。再加上这种短视频直播中通常会给出一定的优惠，因此，这种短视频直播模式通常能快速得到一批用户的关注。

2. 达人直播模式

达人直播模式就是在达人账号上进行的短视频直播。许多短视频运营者经过一段时间之后积累了大量粉丝，于是开始通过短视频直播进行变现。通常来说，达人直播模式可以分为两种，一种是主播自己选品进行直播；另一种是和品牌方合作，销售对应品牌的产品获取佣金。

图 3-2 所示为某短视频运营者进行的一场短视频直播。该短视频账号运营者经过较长时间的运营之后,积累了 4000 多万粉丝,所以其直播快速吸引了大量用户的关注,可以看到该场直播的点赞量超过了 900 万。再加上该短视频运营者是与品牌方合作进行的直播,产品的价格也比较优惠,因此,其直播的销量自然就比较有保障了。

图 3-2 某达人的短视频直播画面

由此不难看出,达人直播模式的优势主要体现在 3 个方面,具体如下。

(1) 进行直播的短视频运营者已经积累了大量的粉丝,所以一开播便能吸引许多用户的关注。

(2) 当主播与品牌方直接合作时,都是从品牌方的仓库中直接出货,因此产品的质量通常比较有保障。

(3) 品牌方和这类短视频运营者合作时,在产品的价格上通常会给出一定的优惠,所以,主播销售的产品在价格上一般会具有一定的优势。

当然,一个短视频运营者要想成为一个拥有较大影响力的带货达人,还得重点做好一件事,那就是积累大量粉丝,让更多人愿意关注你、信任你。

3. 秒杀特价模式

秒杀特价模式就是通过秒杀、大减价的方式,以相对优惠的价格进行产品销售,利用价格的优势来吸引用户的关注,并引导用户购买产品。通常来说,秒杀特价模式的短视频直播,在直播封面上会写上"秒杀""特价""限时优惠"等显示产品价格优惠的词汇,如图 3-3 所示。

图3-3 直播封面写上了显示产品价格优惠的词汇

另外，通过秒杀特价模式进行带货的短视频直播间中，通常会通过一定的方式显示产品价格的优惠，如直接用纸板写上部分产品的价格，让用户一看价格就被吸引住。其所销售产品的价格也是非常优惠的，部分标示价格本就不高的产品，甚至还可以领取优惠券，以更优惠的价格进行购买，如图3-4所示。

图3-4 短视频直播间中显示产品价格的优惠

4. 产地直销模式

产地直销模式就是直接在产品的产地进行短视频直播，并进行产品的销售。这种短视频直播模式最大的特点就是镜头展示的是产品的基本生产。例如，有的短视频直播会展示产品的生产过程，有的会展示产品的制作环境。图3-5所示为某水果销售短视频直播的相关画面，可以看到其展示的便是果园的环境，很显然这便是通过产地直销模式来进行直播的。

图3-5 产地直销模式的短视频直播

与其他直播模式相比，产地直销模式的优势主要体现在两个方面，具体如下。

(1) 直接展示产品的生产过程或生长环境，将产品置于直播镜头之下，这既显示出主播对产品的强大信心，又能让用户更加放心地购买产品。

(2) 直接展示产地的相关情况可以让用户更好地看清产品的质量和货存。如果直播镜头中产品的质量过关、货存量足，用户会更愿意购买。

5. 产品定制模式

产品定制模式就是通过短视频直播展示产品的生产原材料、制作工艺和生产过程等，让用户看到专业的生产过程之后，预定产品，从而在此基础上进行产品的定制。通常来说，产品定制类短视频直播都会在直播封面上写上"定制"等字样，让用户一看就明白短视频直播间的主要业务，如图3-6所示。

另外，如果定制产品的原材料比较昂贵，那么短视频直播间中会重点对原材料进行展示。当用户喜欢某个原材料时，便可以通过直播评论与主播进行交流，下单预定并支付对应的金额。通常来说，这一类短视频直播的购物车中会明确表示产品是定制的，并提醒用户不要私拍，如图3-7所示。

与其他直播模式相比，产品定制模式也有其显著的优势，这主要体现在以下两个方面。

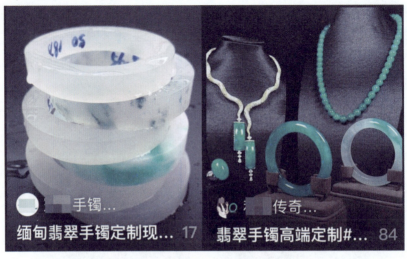

图 3-6 直播封面写上"定制"等词汇

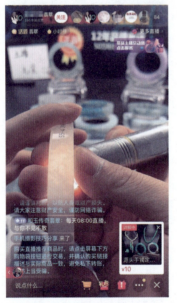

图 3-7 原材料昂贵的产品需要先预定

(1) 制作完成的成品通常具有艺术性，或者外观具有美感。因此，许多用户看到成品之后会比较喜欢，这也能在一定程度上刺激用户的购买需求。

(2) 因为是定制，所以最终的产品通常都具有独特性，有的产品甚至是独一无二的，不会再有同款。因此，定制产品也成为许多追求独特品位的用户的重要选择。

021 选择直播平台

随着短视频行业的发展，越来越多的短视频平台开始出现在大众的视野中，这也意味着短视频运营者可以选择进行短视频直播的平台也变得越来越多了。但是，每个短视频运营者和运营团队的精力总归是有限的，不可能同时运营所有短视频平台的账号。因此，短视频运营者及团队需要对短视频直播平台进行评估，然后选择适合自身的平台进行入驻和运营。

通常来说，用户越多的短视频平台，同时进行直播的运营者就越多。在这种强大的竞争下，该平台的用户选择性很多，除非你的直播非常吸引人，否则，持续观看直播的人数可能不会太多；相反，有的短视频平台的用户总数相对来说要少一些，但是，同时进行同类直播的运营者比较少，所以观看直播的人数反而会多一些。

例如，在抖音和快手短视频直播中搜索"水果"，可以看到许多销售水果的直播间封面，如图3-8、图3-9所示。因此，这两个平台的用户观看水果销售直播的选择性是比较多的，这也导致了许多直播间的在线用户数量并不是很多。

图 3-8　在抖音短视频直播中搜索"水果"的结果

而在 B 站短视频直播中搜索"水果"时，虽然可以看到很多直播间封面，但是这些直播间直播的基本都是其他内容，而不是销售水果，如图3-10所示。此时，如果运营者在 B 站上销售水果，那么可能会吸引一批用户的关注。因为该平台上销售水果的直播很少，用户的选择性相对较少。

另外，有的短视频平台在不断发展过程中，已经形成了自己的特色。运营者可以根据平台的特色选择直播带货的平台。例如，B 站是一个二次元文化相对浓厚的平台，该平台聚焦了大量二次元文化爱好者。因此，如果运营者要销售的是与二次元相关的产品，那么 B 站无疑是一个不错的选择。

图 3-9　在快手短视频直播中搜索"水果"的结果

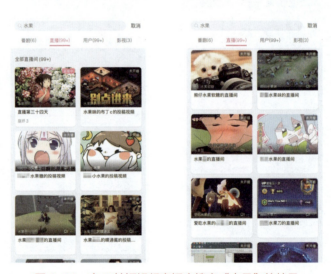

图 3-10　在 B 站短视频直播中搜索"水果"的结果

022　抖音开通直播

在抖音平台中，如果要实现变现，一定要用好视频和直播。而相比于视频，直接面对抖音用户的直播，会更容易受到部分抖音用户的欢迎。因此，如果主播和抖音账号运营者能够做好抖音直播，就能获得惊人的"吸金"能力。

抖音直播变现的基础是开通抖音直播变现功能。其实，抖音直播变现开通起来很简单，抖音运营者只需进行实名认证便即可。实名认证完成后，如果返回系统通知，告知你已获得开通抖音直播的资格，就说明抖音直播功能开通成功了，如图3-11所示。

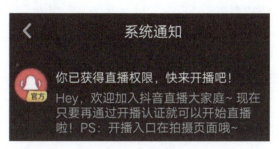

图3-11　获得开通抖音直播的系统通知

对于抖音运营者来说，抖音直播可谓是促进产品销售的一种直接而又重要的方式。那么，究竟应如何开通抖音直播呢？下面，笔者就对开通直播的流程进行简单说明。

步骤 01 登录抖音短视频App，进入视频拍摄界面，点击界面中的"开直播"按钮，如图3-12所示。

步骤 02 操作完成后即可进入抖音直播设置界面，在界面中设置直播封面、标题等信息；点击"商品"按钮，如图3-13所示。

图3-12　点击"开直播"按钮

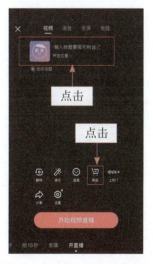

图3-13　点击"商品"按钮

步骤 03 进入"添加商品"界面,点击商品后方的"添加"按钮,将商品添加至直播间,如图 3-14 所示。

步骤 04 进入"直播商品"界面,勾选需要在直播间销售的商品;点击"添加"按钮,如图 3-15 所示。

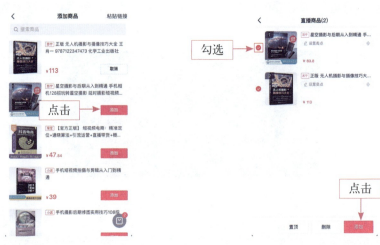

图 3-14 点击"添加"按钮　　　　图 3-15 点击"添加"按钮

步骤 05 返回"直播设置"界面,此时"商品"所在的位置会显示添加的商品数量。确认商品添加无误后,点击"开始视频直播"按钮,如图 3-16 所示。

步骤 06 操作完成后,进入直播倒计时。完成倒计时后,便可进入如图 3-17 所示的直播界面。

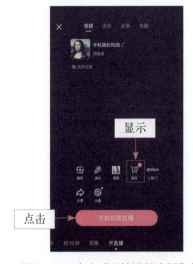 

图 3-16 点击"开始视频直播"按钮　　　　图 3-17 进入直播界面

023 快手开通直播

在快手短视频平台中，运营者要想获得直播权限，必须满足以下 8 个条件。

(1) 绑定了手机号。
(2) 当前账号状态良好。
(3) 注册时间＞7 天。
(4) 观看视频时长达标。
(5) 发布公开作品≥1。
(6) 作品违规率在要求范围内。
(7) 账号运营者满 18 岁。
(8) 完成了实名认证。

由上述条件不难看出，快手开通直播权限的条件其实是比较宽松的，只要运营者按照平台的规则运营超过 7 天，基本上便可以获取直播权限了。获得直播权限之后，运营者便可以通过如下步骤在快手平台开通直播了。

步骤 01 登录快手 App，点击"发现"界面中的 ⊙ 按钮，如图 3-18 所示。

步骤 02 进入快手的短视频设置界面，点击其中的"开直播"按钮，如图 3-19 所示。

图 3-18 点击 ⊙ 按钮

图 3-19 点击"开直播"按钮

步骤 03 操作完成后，进入直播设置界面，如图 3-20 所示。在该界面中设置直播的封面和标题。

步骤 04 直播封面和标题设置完成后,点击右侧的"卖货"按钮;在弹出的列表框中,打开"直播卖货"后方的开关,开启短视频直播的卖货功能,如图 3-21 所示。有需要的运营者还可以点击下方的"进入商品列表"按钮,选择需要销售的商品。

步骤 05 返回直播设置界面,点击"开始直播"按钮,如图 3-22 所示。

步骤 06 操作完成后,即可进入快手直播界面,如图 3-23 所示。

图 3-20 直播设置界面

图 3-21 打开"直播卖货"后方的开关

图 3-22 点击"开始直播"按钮

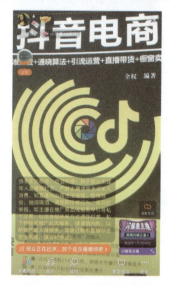

图 3-23 快手直播界面

024 B 站开通直播

许多人都以为 B 站就是一个以提供二次元短视频为主的平台,其实不然,在 B 站同样是可以进行短视频直播带货的。那么,运营者要如何在 B 站上开通直播呢?笔者就来重点回答这个问题。

在电脑和手机端上都可以进行 B 站直播,下面笔者就以手机端为例,具体讲解 B 站(哔哩哔哩的简称)开通直播的步骤。

步骤 01 进入 B 站的"直播"界面,点击界面中的"我要直播"按钮,如图 3-24 所示。

步骤 02 操作完成后,进入直播设置界面,点击界面上方的"+ 封面"按钮,设置直播封面,如图 3-25 所示。

图 3-24 点击"我要直播"按钮

图 3-25 点击"+ 封面"按钮

步骤 03 操作完成后,弹出"封面上传"列表框。运营者可以在该列表框中选择使用相机拍摄照片还是使用相册中的照片这两种方式设置封面图片。以使用相机拍摄照片设置封面为例,此时,笔者要选择的就是列表框中的"相机"选项,如图 3-26 所示。

步骤 04 操作完成后,进入照片拍摄界面。点击界面中的 ○ 图标,拍摄照片,如图 3-27 所示。

步骤 05 照片拍摄完成后,进入照片预览界面。如果拍摄的照片比较满意,运营者只需点击"使用照片"按钮即可,如图 3-28 所示。

图3-26 点击"相机"按钮

图3-27 照片拍摄界面

步骤 06 操作完成后，进入照片裁剪界面。在该界面中，运营者需要选择照片的一部分作为直播的封面。选择完成后，点击"选取"按钮，如图3-29所示。

图3-28 照片预览界面

图3-29 点击"选取"按钮

步骤 07 返回直播设置界面，如果封面位置显示"审核中"，就说明封面设置成功了。封面设置完成后，点击界面中的"开始视频直播"按钮，如图3-30所示。

步骤 08 操作完成后，即可进入B站直播界面，而运营者的开通直播操作也就设置完成了，如图3-31所示。

带货平台：
快速入驻开启带货之路　第 3 章

图 3-30　点击"开始视频直播"按钮

图 3-31　B 站直播界面

▶ 025　西瓜开通直播

虽然西瓜视频的名字里面有个"视频"，但是该平台上也有许多运营者在进行直播带货。那么，如何在西瓜视频上开通直播呢？接下来，笔者就来讲解具体的步骤。

步骤 01　进入西瓜视频 App 的首页，点击下方的"我的"按钮，如图 3-32 所示。

步骤 02　进入"我的"界面，点击"开直播"按钮，如图 3-33 所示。

图 3-32　点击"我的"按钮

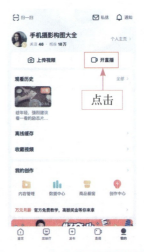

图 3-33　点击"开直播"按钮

步骤 03 进入直播设置界面,设置直播的封面和标题,如图3-34所示。

步骤 04 直播封面和标题设置完成后,点击界面右侧的"带货"按钮,如图3-35所示。

图3-34 设置直播的封面和标题

图3-35 点击"卖货"按钮

步骤 05 进入"直播商品"界面,点击下方的"添加"按钮,如图3-36所示。

步骤 06 操作完成后,弹出"添加商品"列表框。运营者可以选择添加普通商品或知识付费商品。以添加普通商品为例,只需选择"添加普通商品"选项即可,如图3-37所示。

图3-36 点击"添加"按钮

图3-37 选择"添加普通商品"选项

步骤 07 进入"添加商品"界面,点击商品后方的"添加"按钮,如图3-38所示。如果商品添加成功,"添加"按钮将变成"取消"按钮,并且界面中会显示"商品已添加到购物袋",如图3-39所示。

带货平台：
快速入驻开启带货之路　第3章

图 3-38　点击"添加"按钮　　　图 3-39　显示"商品已添加到购物袋"

步骤 08　返回直播设置界面，点击界面中的"开始视频直播"按钮，如图 3-40 所示。

步骤 09　操作完成后，便可进入西瓜视频的直播界面，如图 3-41 所示。

图 3-40　点击"开始视频直播"界面　　　图 3-41　西瓜视频直播界面

▶ 026　火山开通直播

抖音火山版原名为火山小视频，该平台和抖音同属于今日头条旗下。抖音推出直播之后，抖音火山版也推出了直播。在抖音火山版开通直播很方便，运营者只需进行如下操作即可。

步骤 01 进入抖音火山版 App 的 "视频" 界面，点击 按钮，如图 3-42 所示。

步骤 02 进入 "视频" 拍摄界面，点击 "直播" 按钮，如图 3-43 所示。

图 3-42 点击 按钮

图 3-43 点击 "直播" 按钮

步骤 03 进入直播设置界面，进行直播封面和标题的设置，如图 3-44 所示。

步骤 04 设置完成后，点击 "开始视频直播" 按钮，如图 3-45 所示。

图 3-44 设置直播封面和标题

图 3-45 点击 "开始视频直播" 按钮

步骤 05 操作完成后，会弹出实名认证提示框，点击其中的 "现在去" 按钮，如图 3-46 所示。

步骤 06 进入 "实名认证" 界面，输入真实姓名和身份证号码；勾选 "同意火山主播协议"；点击 "开始认证" 按钮，如图 3-47 所示。

带货平台：快速入驻开启带货之路 第3章

图 3-46 点击"现在去"按钮

图 3-47 点击"开始认证"按钮

步骤 07 进入"身份验证"界面，在该界面中进行人脸验证，验证完成后将出现页面跳转信息，如图 3-48 所示。

步骤 08 操作完成后，返回抖音火山版直播设置界面，点击"开始视频直播"按钮，即可进入抖音火山版直播界面，如图 3-49 所示。

图 3-48 "身份验证"界面

图 3-49 抖音火山版直播界面

027 微视开通直播

微视背后有腾讯的流量支持。如果运营者要进行短视频直播带货，毫无疑问，微视会是一个不错的选择。具体来说,运营者可以通过如下步骤在微视上开通直播。

步骤 01 进入微视 App 的"首页"界面,点击 按钮,如图 3-50 所示。

步骤 02 在新弹出的界面中,选择"拍摄"选项,如图 3-51 所示。

图 3-50 点击 按钮

图 3-51 选择"拍摄"选项

步骤 03 进入视频拍摄界面,点击"开直播"按钮,如图 3-52 所示。

步骤 04 进入微视直播设置界面,会弹出需要进行主播认证的提示框,点击提示框中的"去认证"按钮,如图 3-53 所示。

图 3-52 点击"开直播"按钮

图 3-53 点击"去认证"按钮

步骤 05 进入"认证手机号"界面,在该界面中输入手机号和验证码;点击"提交并进入身份证验证"按钮,如图 3-54 所示。

步骤 06 进入"认证身份证"界面,在该界面中运营者可以通过点击"+"按钮拍摄身份证或手动输入身份证信息这两种方式进行身份证认证。如果选择用第二种方式进行验证，可以点击界面中的"手动填写身份证信息"按钮，如图3-55所示。

图3-54 "认证手机号"界面

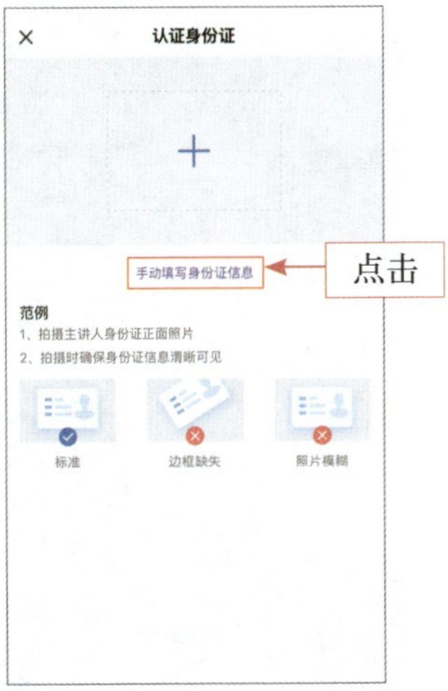

图3-55 点击"手动填写身份证信息"界面

步骤 07 在新跳转的页面中输入姓名和身份证号码；点击"提交"按钮，如图3-56所示。

步骤 08 操作完成后，返回直播设置界面。点击界面中的"上传封面"按钮，如图3-57所示。

图3-56 点击"提交"按钮

图3-57 点击"上传封面"按钮

步骤 09 进入"所有照片"界面，选择需要的照片，如图3-58所示。

步骤 10 操作完成后，进入"直播封面"界面。在该界面中选择需要设置为封面的照片部分，选择完成后，点击"完成"按钮，如图3-59所示。

图3-58 选择需要的照片

图3-59 点击"完成"按钮

步骤 11 返回直播设置界面，勾选"开播默认你已阅读并同意《微视直播协议》"；点击"开始直播"按钮，如图3-60所示。

步骤 12 操作完成后，即可进入微视直播界面，如图3-61所示。

图3-60 点击"开始直播"按钮

图3-61 微视直播界面

028 直播带货规范

俗话说得好：没有规矩，不成方圆。直播是一种覆盖面广、传达速度快的内容传播形式，如果没有一定的规矩做引导，势必会出现各种乱象。因此，许多短视频平台都制定了直播规范。以 B 站为例，其通过制定《bilibili 主播直播规范》，对主播的直播行为作出了一些规定和引导。

如果运营者想要在 B 站上持续地进行直播带货，更好地进行变现，就要遵守该规范中的相关规定。特别需要注意的是，在 B 站直播时如果出现了严重违规行为，主播可能会面临永久封禁的处罚。图 3-62 所示为《bilibili 主播直播规范》中关于严重违规行为的说明。

A、严重违规行为（一次性扣除主播SAN值12分，并永久封禁）

严重违规行为是指涉政、涉黄、违法等严重扰乱bilibili直播平台秩序的行为。在视频直播中违反以下规定，构成严重违规，包括但不限于：

1、严禁发表反党反政府的言论，或做出侮辱诋毁党和国家的行为，及危害社会秩序、公众道德，如：

1.1 违反宪法确定的基本原则的；

1.2 危害国家安全，泄露国家秘密，颠覆国家政权，破坏国家统一的；

1.3 损害国家荣誉和利益的；

1.4 煽动民族仇恨、民族歧视、破坏民族团结的；

1.5 破坏国家宗教政策，宣扬邪教和封建迷信的；

1.6 散布谣言，扰乱社会秩序，破坏社会稳定的；

1.7 散布暴力、恐怖或者教唆犯罪的；

1.8 煽动非法集会、结社、游行、示威、聚众扰乱社会秩序的；

1.9 谈论敏感话题，传播负面情绪，例如对灾难或案件表达幸灾乐祸之情，有违人道主义和道德底线的;

1.10 直播或间接传播淫秽、色情信息，或进行淫秽、色情表演，包括不限于传播情色游戏、动漫、视频、图片或网站。

2、严禁进行具有性挑逗性质的表演或行为，如表演脱衣舞、揉胸等。

3、严禁与他人进行互相性挑逗形式的表演或行为。如相互抚摸敏感部位、进行能让人产生性幻想的动作、在床上以任何抚摸形式进行表演等。

4、严禁展示包含但不限于带有性行为以及裸露具有性特征的身体敏感部位的内容。如展示女性胸部、男女性臀部、男女大腿内侧及生殖器官、穿透视装等。

5、严禁展示枪支（含仿真枪）、管制刀具、进行高危表演，如晃动管制刀具、枪支、高仿真枪支、表演具有高度危险性的节目等。

6、传播、引诱、教唆他人吸食毒品或注射毒品方式，讲解毒品制作过程等一切与毒品相关的内容;

7、严禁表演危害他人人身安全的内容。如：殴打他人、以刀具威胁他人等。

8、严禁宣传传销机构、哄骗用户加入传销组织、或本人组织传销。

9、严禁表演危害自身安全的内容，如自杀、自残等。

10、严禁进行其他类涉政、涉黄、违法、侵权、或威胁生命健康的表演。

11、禁止在直播间进行任何形式的导流行为。

12、严禁同一人开设多个账号进行直播，开播主播必须与账号实名认证的信息一致

13、严禁其他直播平台签约主播在本平台开播，导致本人及平台有版权及法律风险。

图 3-62　B 站直播的严重违规行为

除了严重违规行为之外，《bilibili 主播直播规范》中还对直播的动作、着装和言论作出了规定，如图 3-63 所示。主播在直播时一定不要违反这些规定，以免受到平台的处罚。

2、直播动作规定：

2.1 不得模仿各种低俗、色情动作、声音或带有诱惑性、挑逗性表演的行为，包括但不限于脱衣舞等；

2.2 不得将镜头刻意聚焦于性敏感部位，或进行带有性暗示的抚摸、拉扯动作，或使用道具引起观众对性敏感部位的注意；

2.3 禁止主播以赌博工具、性用品、内衣等涉及不雅内容的物品作为表演道具；

2.4 主播拍摄角度不得由上至下拍摄胸部等敏感部位，由下至上拍摄腿部、臀部等敏感部位；

2.5 主播不得进行带有性暗示的抚摸、拉扯、舔咬、拍打等有暗示动作，或使用道具引起观众对性敏感部位的注意，也不能利用身体上的敏感部位进行游戏，包括但不限于：猜内衣/裤的颜色、剪丝袜、直播脱/穿丝袜等；

2.6 主播不得在各种身体部位展示刺青、纹身；

3、直播着装规定：

3.1 严禁男性赤裸上身，女性刻意露出乳沟；

3.2 女性背部的裸露部位不能超过上半部的三分之二以上即腰节线以上；

3.3 女性下装腰部必须穿到骨盆以上，短裙或短裤下摆不得高于臀下线；

3.4 女性胸部的裸露面积不能超过的胸部三分之一，上装最低不得超过胸部三分之一的位置；

3.5 严禁穿着情趣制服、情趣内衣、内衣外穿、以及印有低俗等不当图案的衣服等；

3.6 女主播服装不能过透过露，不得刻意露出胸罩、底裤；

3.7 男主播不得仅穿着三角或四角及类似内衣的服装、紧身裤直播，且裤腰不得低于髂骨；

4、直播言论规定：

4.1 严禁刻意模仿各种带有性挑逗的声音；

4.2 严禁刻意发表低俗涉黄言论，引导场内低俗互动；

4.3 严禁以文字、语音、图片等任何形式宣传其他直播及视频平台；

4.4 主播不得以诱惑、挑逗性质的声音、语言吸引观众，包括但不限于使用直接或者隐晦性暗示词语；

4.5 严禁主播通过各种途径诱导、教唆未成年人充值；

4.6 严禁主播通过各种途径诱导、教唆未成年人私下交易；

4.7 严禁在直播间内对其他主播进行人身攻击。如恶意辱骂、诽谤、诋毁其他主播，及通过其他不道德的方式攻击、骚扰其他主播；

4.8 严禁在直播间内有组织性地煽动人员去其他房间捣乱或者发布违规信息，或者对其他房间进行恶意举报。

图 3-63　B 站直播对动作、着装和言论的规定

029 直播带货误区

虽然短视频直播带货能给直播平台和主播带来很多利益，但在直播营销的过程中也存在着方方面面的误区。主播要了解和认识这些误区，只有避免陷入误区，才能让自己的短视频直播健康地发展下去。笔者就来讲解在短视频直播平台运营过程中常见的带货误区。

1. 依赖平台，经常跳槽

直播行业平台的竞争是十分激烈的，平台之间相互挖人也并不少见。俗话说："名气越大，机会越多"，一些大主播成名以后，就会有其他直播平台想出高价挖走主播。

很多主播因为觉得其他直播平台的开价高、待遇好，所以选择跳槽。实际上这种做法是非常不可取的。巨大的利益面前也有风险，对于主播而言，需要进行长期的积累，才会拥有百万或者千万关注你的粉丝。放弃原有的粉丝去另一个平台从零开始，是一个非常冒险的举动，一不小心就会丢掉忠实的粉丝，无法从头再来。

例如，某位非常火的主播跳槽到其他直播平台以后，人气下滑。而且其跳槽的直播平台不久后就倒闭了，而该主播则变成了一个名不见经传的小主播。

比起跳槽更为严重的是，有些主播跳槽后还因为违约与平台发生纠纷，被平台索要千万元的赔偿。

例如，某主播跳槽前直播有日均 4 万 + 的弹幕数，在全网同类直播中排名前十，

后来该主播毁约跳槽到其他直播平台，并且还发布微博抨击之前的平台拖欠工资、待遇不好，但是对方并不认可这种说法，把该主播告上了法庭，让该主播赔偿千万元的违约金。

因为跳槽到了新平台，再加上官司缠身，所以该主播在新平台同类直播中的排名远不如之前，在全网的排名更是直接跌到了 400 名以外，而该主播的带货能力和被打赏金额与之前相比也相差甚远。

2. 盲目从众，赚不到钱

短视频直播市场出现了表面繁荣发展、热热闹闹，实际却与产生的经济效益不相匹配的现象。大部分新手主播看到知名主播一晚上就能赚上万元，于是盲目从众纷纷转入直播行业。殊不知，短视频直播行业里没有赚到钱的小主播数不胜数。这些小主播之所以赚不到钱，主要有以下两个原因。

1) 流量有限，竞争激烈

由于现在的短视频直播栏目很多，直播带货的栏目也很多，其中大都是相似的主题、相似的产品，这样用户大多会倾向一些有知名度的主播，平台的很多流量也都给了大主播。因此，小主播初期很难吸引粉丝驻足，想要在直播平台获得更大的曝光并不容易。

从用户的角度来看，由于网络上可供选择的直播类型太多，用户的实际购买力度较低，甚至不能产生购买行为。所以，直播行业远没有我们想象的那么乐观，主播如果盲目从众进入直播行业，结果可能并不如预期。

2) 没有名气，机会越来越少

很多从业多年的主播都表示，主播只是外表光鲜亮丽，实际上并没有那么容易赚钱。现实情况是，顶流就几个，剩下的全部都是没有名气的小主播。等到年纪大一点，这些小主播的机会就越来越少了。

所以，主播和明星一样是属于吃青春饭的一类人。后浪推前浪，每一年都会有一批新主播进入直播行业，不断地吸引着用户的目光。相对地，老主播的流量会被新主播抢走，逐渐过气。对于没有明确直播方向的人，盲目从众并不可取，一定要三思而后行。

很多小公司招聘主播，门槛极低，不要学历、不要能力，有的甚至不要口才和外貌，就以高薪吸引年轻人加入。直播平台上有一些年纪非常小的主播，拉票PK，输了就要接受惩罚，然而很多用户并不会为这些主播消费。原因是，这些主播没有才艺，也没有和用户沟通聊天，制造与用户相关的话题，说得最多的只是"小哥哥在吗？""帮帮我吧！""给我点支持"等，这种没有任何表演就乞求用户打赏的行为，自然不会得到用户的支持。

主播收入一是靠打赏，二是靠卖货，无论是哪一种，都需要主播具备足够的人气。有粉丝才会有流量，有流量就能接广告、开淘宝店和卖货带货等。如果主播直播了很长一段时间,仍然没有树立起吸粉的人设,或者不能保持自身的人格魅力等,那么要想获得高收入是非常艰难的。

3. 非法侵扰,侵犯隐私

部分主播在直播过程中,存在侵犯他人肖像权和隐私权的问题。比如一些短视频直播将商场、人群作为直播背景,全然不顾他人是否愿意上镜,这种行为极有可能侵犯他人肖像权和隐私权。

隐私权的特点主要体现在两个方面,第一,隐私权具有私密性的特征,权利范围由个人决定;第二,隐私权由自己控制,公开什么信息全由个人决定。当我们处在公共领域中时,并不意味着我们自动放弃了隐私权,可以随意被他人上传至直播平台。我们可以拒绝他人的采访,也有权决定是否出现在短视频直播之中。我们在公有空间中有权行使自己的隐私权。

因此,在短视频直播时强制要求他人出镜,或者恶意诋毁他人的这种非法侵权行为是非常错误的。例如,某家餐厅为了做宣传,在店里安装了摄像头,在很多食客不知情的情况下,直播食客的吃相,用于宣传店铺。

这些主播在当事人不知情的情况下拍摄别人,曝光别人,吸引流量,已经侵犯了他人的隐私权。作为主播,我们要严格要求自己,千万不能因为直播而侵犯了他人的隐私权。

4. 逃税漏税,触碰暗礁

短视频直播这个行业,利润的丰厚是众所周知的。很多主播也是看中了这其中的高收入,才会蜂拥而上。

人气火爆的主播月薪上万元不是什么难事,再加上直播平台的吹捧,年薪甚至会达到千万元。虽然笔者没有从事过这个职业,也不敢确定这个数据是否真的如此,但就算将这个数据减掉一半,那也是相当可观的。

这样可观的收入就涉及了缴税的问题,有的主播将打赏兑换成虚拟货币,再通过支付宝提现,进而避免缴税。某平台就因没有代主播扣取个人所得税,而直接被罚款6000万元。主播逃税,不仅是对其自身,而且对整个直播行业也会造成极其恶劣的影响。

5. 盲目拜金,追求物欲

在进行短视频直播运营时,传递出来的价值观能体现一个主播的优劣与否。在短视频直播平台上,很多主播传递着暴富、拜金、不工作和得过且过的错误价值观,给社会带来了不良的影响。

有一句说得好:"一个人赚得整个世界,却丧失了自我,又有何益?"因此,主播在短视频直播带货过程中,切不可盲目崇拜金钱,把金钱价值看作是最高价值,必须有"拒绝拜金,坚守自我"的心态。

除了拜金外，追求物欲也是一种错误的价值观。物欲是指一个人对物质享受的强烈欲望，在这种欲望的冲动下，可能会做出很多错误的事情。《朱子语类》中说："众人物欲昏蔽，便是恶底心。"说的就是那些疯狂追求物欲的人，他们的心灵必定会空虚，而且会经常做出一些荒唐的事情，最终只会让自己变成一个虚有其表、华而不实的人。

因此，打造短视频直播内容时，应该将物质和精神追求相辅相成，多注重精神层面和幸福感，不能一味地追求物欲，否则会很容易被它牵着鼻子走。

6. 粗俗不堪，难以长久

粗俗的原意是指一个人的举止谈吐粗野庸俗，满嘴污言秽语。也许，主播可以靠"俗"博得大家的关注提升名气，但难以得到主流社会的认可。在人人皆可以是主播的时代，太多人想出名，但是通过雷人的话语、不合常理的行为吸引粉丝却是不可取的。主播一定要有底线，否则就会被大众排斥。

例如，某位主播在短视频直播中展示项链时，把领口拉得很低，被用户举报，带来了极其不好的影响。因此，主播和直播平台都应该努力传递主流价值观。

主播应该做一个为社会带来正能量的人。我们可以借助互联网，多参与一些社会慈善和公益活动，打造"短视频直播+电商"的合作模式，为自己塑造一个助人为乐、传递正能量的正面形象。在制作短视频直播内容时，要坚守道德底线并多弘扬社会道德，引导正面舆论，为广大网民树立正确的世界观、人生观和价值观。只有这样，才能有更长久的发展空间。

7. 拜金主义，深陷沉沦

拜金主要是指崇拜金钱。虽然在商业社会中很多人都是以赚钱为目的，不过，如果你唯利是图，什么事情都只想着赚钱，不择手段且盲目地追求金钱，那就是一种极端错误的价值观。

例如，一位主播在一名铁杆粉丝的支持下，逐渐变成一个大主播；每次年度盛典，这位铁杆粉丝也会给主播刷礼物替他赢比赛。也恰恰是因为有了这个粉丝的支持，该主播的名气越来越大。而随着名气的增大，该主播开始不好好直播，总是请假，直播时还经常求打赏。最后，该主播的粉丝逐渐流失，慢慢变成了一名小主播。

8. 庸俗内容，失去本心

有一些主播的直播内容庸俗化，为了能火，为了流量，什么都敢做，不顾及社会的影响也不顾及自己的生命。

例如，某位主播因颜值高、有神秘感而吸引了众多粉丝，该主播只在网上发一些自己的图片，但从不露脸，每次直播都用表情包挡着。

可是在一次直播中，该主播与另一主播连麦时，遮挡在脸上的表情包消失，结果粉丝心中的萝莉一下子变成大妈，该事件引起了网友的广泛讨论，造成了极其恶劣的社会影响。该主播的榜一（打赏最多的粉丝）在此事件发生以后，直接注销了账号，很多粉丝也感觉自己被欺骗。

最后的真相是，这件事是主播为了炒作故意安排，并且为了将此事件的影响扩大，主播背后的经纪公司也在推波助澜。

最终，短视频直播平台认定该事件是由主播自主策划、刻意炒作的。针对事件中主播发表不当言论、挑战公众底线、造成不良社会影响一事，平台决定永久封禁其直播间，下架相关视频。

除此之外，还有一些主播为了流量不顾自己的生命。这虽然在短期内获得了一定的流量，但是却对自己的身体造成了损伤，显然是极其不可取的。

这一个个鲜活的例子告诫我们，做短视频直播不能为了金钱、为了流量而失去本心，庸俗的内容注定不能长久。

第 4 章

带货主播：
将素人培养成直播达人

学前提示

　　掌握直播的各种技能对于新人主播来说十分有必要，只有培养主播自身的技能，提升主播的各种基本能力，才能将短视频直播做得更好。

　　本章主要从培养主播技能的方法和提升主播的基本能力两方面，来介绍如何快速提升主播的直播能力，将素人培养成直播达人。

要点展示

- ▶ 主播技能培养
- ▶ 数据分析能力
- ▶ 平台运营能力
- ▶ 供应支持能力
- ▶ 粉丝运营能力
- ▶ 内容创作能力
- ▶ 语言沟通能力
- ▶ 应对提问能力
- ▶ 心理素质能力
- ▶ 调节气氛能力

030 主播技能培养

作为一个刚进入直播行业的新人,要想快速获得更多的粉丝,增强直播的带货能力,就需要培养自身的直播技能。培养主播直播技能的方法有多种,下面笔者就来介绍其中最常见的5种方法,以帮助新人快速掌握直播的技巧。

1. 学会控制场面

对于一个新人主播来说,学会控制直播间的场面,把握直播的节奏是首先要掌握的技能。大多数主播在刚开始直播的时候,观看人数通常比较少,再加上自己没有短视频直播的经验,经常会出现冷场的情况。如果主播只是被动地回答用户的问题,不积极地寻找话题,一旦用户想要了解的内容得到满足之后,就会不再进行回应或者离开直播间,那么场面就会十分尴尬。

基于上面那种情况,新人主播在刚开始直播的时候,没有感觉自己是主角,反倒有点像"打酱油的龙套",这样怎么可能吸引更多用户前来观看呢?所以,主播要切记,在整个直播的过程中要始终牢牢控制住直播间的主动权。

要想掌控直播间的主动权,主播除了回答问题外,还需要学会寻找话题。用户通常都是为了给自己寻找乐趣、打发时间才来到直播间的,如果主播只是被动地等待用户制造话题,那么用户当然会觉得你的直播一点意思都没有。这就好比看电视节目,无聊的节目内容只会让观者感觉被催眠,然后立马换台。

如果主播能够做到一个人"carry全场"(carry全场是指表现出众,能控制大局),各种话题都能够侃侃而谈,能从诗词歌赋聊到人生哲学,那么用户的注意力就会被牢牢吸引住。而想要达到这种效果,就需要主播平日里花时间和精力去涉猎大量的话题素材。

主播可以根据每天直播的话题设置不同的主题,同时让粉丝参与话题互动,这样不仅能提高直播间的活跃度,还能让用户觉得主播知识渊博、专业靠谱,并对主播产生敬佩崇拜之情,这样主播就比较容易控制直播间的场面和气氛了。

除此之外,还有一种情况也是主播要高度重视的,那就是突发情况的应对,而这其中最常见的情况就是有极个别用户故意在直播间带节奏、和主播唱反调。对于这种情况,主播一定要心平气和、冷静理智,不要去回应他们任何的言语攻击。毕竟群众的眼睛是雪亮的,孰是孰非大家心里都有杆秤,主播只需要在谈笑间将捣乱的人踢出直播间即可。

这样主播才能始终控制直播间的场面和节奏,按照计划将直播顺利地进行下去。学会控制直播场面,能够快速提升新人主播对直播的自信,让主播有一种掌控全局、众星捧月般的感觉;还能够激发主播继续直播的动力,让主播在自己的舞台上更好地大放光彩。

2. 真诚对待粉丝

有的新人主播经常会问笔者这样一个问题："我想做直播，但是没有高颜值怎么办？"其实很多看起来美若天仙的主播在直播时靠的都是美颜和滤镜的效果加持，而且不靠颜值吃饭却依然火爆的主播也大有人在，所以笔者觉得颜值并不能完全决定直播的效果和主播的人气。

什么才是快速吸引关注的关键呢？直播是一场人与人之间的互动交流，所以直播的关键是人。如果经常看直播的话，就不难发现，那些人气火爆、粉丝众多的主播不一定拥有很高的颜值，但是他们普遍拥有较高的情商，非常善于与人沟通交流，不管认识的还是不认识的都能说上话。而且，不管用户在什么时间段进入直播间，都能被主播精彩的直播内容所吸引。

对于新人主播来说，直播最重要的就是学会和多人互动，让用户时刻感受到主播的热情和走心的服务。当用户需要向人倾诉时，主播就认真听他诉说并安慰他，尽量聊用户感兴趣的话题，与其建立共同语言。

只有把用户当成朋友来对待，把他们放在心上，主动去了解他们关心的事物，才能让用户感受到主播的真诚，从而增进彼此之间的感情，增强粉丝对主播的信任度和忠实度。

在虚拟的网络世界，主播要想维护和用户之间的感情，就得靠自己的真心和诚意。粉丝之所以会给主播刷礼物，主要是因为其人格魅力，是主播的真诚打动了他们，所以他们才会心甘情愿地为主播买单。

感情是沟通出来的，礼物是通过和用户交心交出来的，刷礼物代表了用户对主播的喜爱和认可，也只有用户自愿、主动地打赏，才能说明用户的直播体验很好。很多新人主播在刚开播时，为其刷礼物的只有身边的亲朋好友，而这些人之所以要刷礼物，主要就是因为彼此之间的亲密关系。

所以，平时主播下播之后要多去关注给你刷礼物的用户的动态，让用户感觉到你很关心他，让他觉得自己是有存在感的，这样不仅能使彼此之间的感情更加牢固，还能获得相应的尊重。

3. 学习多种才艺

对于新人主播而言，要想进行一场精彩的直播，光有真诚是不够的，还要有能力，也就是说作为一个主播，要学习多种才艺来获得用户的喜爱和认可。才艺的种类非常多，主要的才艺类型有唱歌跳舞、乐器表演、书法绘画和游戏竞技等。不管你擅长哪种才艺，都能为你的直播吸引更多的粉丝。当然，如果你全部都能学会，那就更好了。下面笔者就来分别介绍几种才艺类型的直播。

1) 唱歌跳舞

基本上每个人都会唱歌，只是有好听与难听的区别。而那些天生音色和嗓音比较好听的主播，就可以充分利用自身的嗓音优势来吸粉；还有那些天生身材很好，喜欢跳舞的主播，也可以利用自己优美的舞姿吸引用户前来观看。

图 4-1 所示为主播在直播间唱歌的短视频直播；图 4-2 所示为某主播跳舞的短视频直播。

图 4-1　直播唱歌

图 4-2　直播跳舞

2) 乐器表演

乐器表演也是吸引用户观看视频直播的一种很好的方法。乐器的种类有很多种，但比较主流的乐器表演是钢琴，钢琴表演的才艺直播如图 4-3 所示。

图 4-3　钢琴演奏直播

3) 书法绘画

书法和绘画的才艺表演就要求主播的作品必须足够优秀,这样才能吸引用户的注意力,获得用户的欣赏和赞美。图 4-4 所示为某主播进行绘画演示的直播。

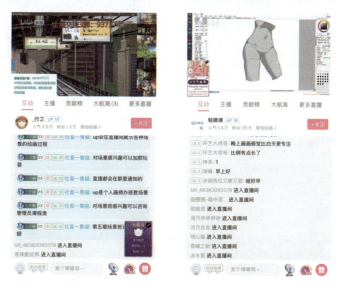

图 4-4 直播绘画

4) 游戏竞技

游戏竞技类的直播可谓是主流、比较常见的一种直播类型了,绝大多数短视频直播平台中都可以看到游戏直播的身影。如果主播喜欢玩游戏,对主流的热门游戏(如《英雄联盟》《绝地求生》和《穿越火线》等)有深入的了解,并且游戏战绩还可以,对游戏的操作和玩法也有自己独到的见解,那么就可以做游戏直播来吸粉。图 4-5 所示为某主播的英雄联盟游戏直播实况。

不管什么类型的才艺表演,只要你的才艺能够让用户觉得耳目一新,能够吸引他们的兴趣和注意,并且愿意为你的才艺打赏喝彩,那么你的短视频直播就是成功的。在各大直播平台上,有着无数的主播,只有向用户展示你独特的才艺,并且你的技术或者作品足够精彩和优秀,才能抢占流量,在众多主播中脱颖而出。

学习多种才艺对主播的个人成长和直播效果的提升作用非常大,这也是主播培养自己直播技能的最重要方法之一。所以对于新人主播来说,只有不断充实自己,提升自己,才能在直播行业的发展道路上走得更远。

4. 深挖痛点需求

在主播专业能力培养的道路上,最重要的一点就是抓住用户的痛点和需求。主播在直播的过程中,要学会寻找用户最关心的问题和感兴趣的点,从而更有针对性地为用户带来有价值的内容。挖掘用户痛点是一个长期的过程,但是主播需要注意以下几点，如图 4-6 所示。

图 4-5　游戏竞技

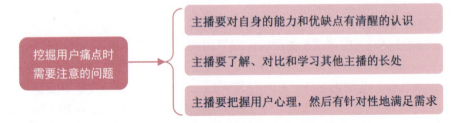

图 4-6　挖掘用户痛点时需要注意的问题

主播在创作内容时，要抓住用户的主要痛点，以这些痛点为标题来吸引用户的关注，弥补用户在现实生活中的各种心理落差，让其在你的短视频直播中得到心理安慰和满足。用户的主要痛点有安全感、价值感、支配感、归属感等。

5. 垂直输出内容

如果仔细观察那些热门的主播就不难发现，他们的直播内容具有高度垂直的特点。那么什么是垂直呢？垂直就是专注于一个领域来深耕内容，领域越细分，直播内容的垂直度就越高。

其实，对于所有的内容创作领域而言，账号内容的垂直度都非常重要，它不仅会影响账号权重的高低，还会影响平台对发布内容的推荐，更重要的是还会影响用户对内容创作者专业程度的判断。也就是说，内容的垂直度越高，吸引过来的粉丝群体精准度就越高，也越优质。

那么对于主播来说，该如何打造自己高度垂直的直播内容呢？笔者建议主播拥有一门自己最擅长的技能。俗话说得好："三百六十行，行行出状元。"只有深挖自身的优势，了解自己的兴趣特长所在，才能打造属于自己的直播特色。

找到自己最擅长的技能和领域之后，就要往这个方向不断地去深耕内容，垂直化运营。例如：有的人玩游戏的水平很高，于是他专门做游戏直播；有的人非常擅长画画，于是他在直播中展示自己的作品；有的人热爱时尚美妆，于是他直播分享化妆技术和教程。图4-7所示为快手短视频直播中部分游戏直播的相关画面。

图4-7 游戏直播

只要精通一种专业技能，然后依靠自身的专业技能来垂直输出直播内容，那么吸粉和变现自然就轻而易举。当然，主播在直播之前还需要做足功课，准备充分，才能在直播的时候从容不迫，最终取得良好的直播效果。

031 数据分析能力

对于新人主播来说，从各个方面提升自身的基本能力是打好直播基础的重要前提。通常来说，主播需要提升和培养9个方面的能力，接下来，笔者就来先说一说第一个需要提升和培养的能力——数据分析能力。

数据分析能力是主播必备的基本能力之一。那么，直播的数据分析包括哪几个方面的指数呢？笔者总结了以下几项，如图4-8所示。

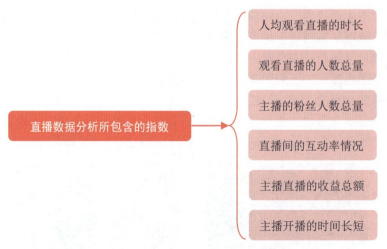

图 4-8 直播数据分析包含的主要指数

众所周知,要进行数据分析,就必须借助一些数据统计平台或者数据分析工具。借助这些数据,不仅可以清楚自身的账号运营情况,还能对比和了解其他运营者的账号数据。所以,笔者在此就给大家推荐两个直播数据的分析平台和工具,一个是新榜,另一个是得利豆数据。

1. 新榜

新榜是一个专业的自媒体平台、短视频平台和直播平台数据的采集、分析的网站,它不仅提供各大平台的数据服务,还包括营销方案、运营策略、账号交易等。图 4-9 所示为新榜平台中的抖音直播实时带货榜。

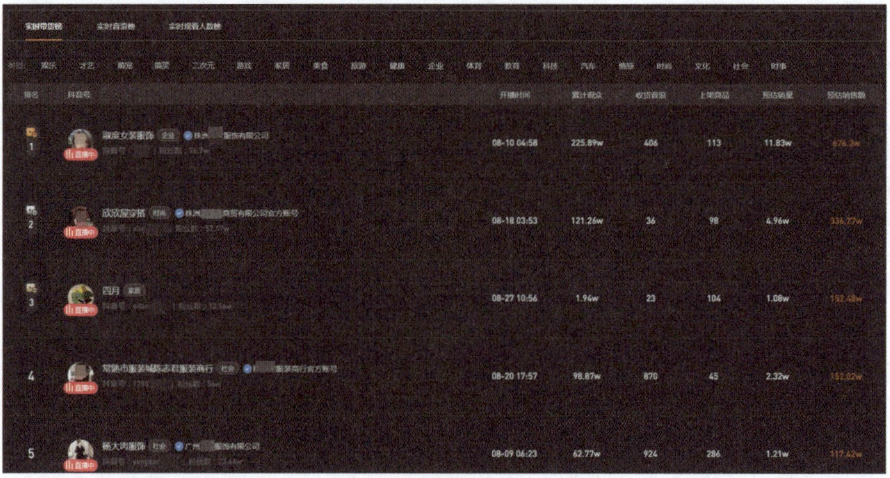

图 4-9 新榜的抖音直播实时带货榜

2. 得利豆数据

得利豆数据是一个专注于抖音短视频直播、商品、达人和题材数据分析的平台，重点提供抖音电商数据分析的服务，包括电商榜单、直播电商、热门题材和达人排行等。下面笔者就来给大家逐一介绍。

1) 抖音电商榜单

抖音电商榜单又分为商品推广榜、品牌排行榜、商品视频榜和商品销量榜。商品推广榜的商品排名越靠前，说明这个商品的推广效果越好，热度越高。根据排名，运营者能够快速找到抖音热门商品并跟进流量热点，如图 4-10 所示。

图 4-10　商品推广榜

品牌排行榜的商品品牌指数越高，说明该品牌的抖音市场占有率越高，综合实力越强，如图 4-11 所示。

图 4-11　品牌排行榜

在商品视频榜中可以看到抖音电商视频点赞的排名，根据排名可以找到时下火热的商品视频素材和关联的商品，如图 4-12 所示。

图 4-12　商品视频榜

商品销量榜根据抖音平台推广的产品销量进行排序，运营者在该榜单中可以快速找到时下火爆的商品，如图 4-13 所示。

图 4-13　商品销量榜

2）直播电商

直播电商榜单包括直播间人气榜、直播间带货榜、直播地区榜、直播商品榜、直播品牌榜和音浪收入榜。其中，直播间人气榜会根据直播点赞数进行排名，如图 4-14 所示；直播间带货榜会根据直播间的热度进行排名，如图 4-15 所示；而直播商品榜，则会根据商品的预估销量进行排名，如图 4-16 所示。

第 4 章 带货主播：将素人培养成直播达人

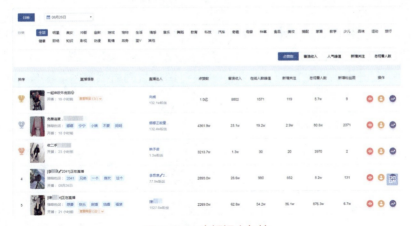

图 4-14 直播间人气榜

图 4-15 直播间带货榜

图 4-16 直播商品榜

3) 热门题材

热门题材的分类有热门视频、热门音乐、热门话题和热门道具。通过热门题材的排行榜，内容创作者或主播可以轻松查询短视频平台当下的热点素材，并结合直播账号的定位进行借鉴、模仿，这样更容易打造爆款的直播内容。图 4-17 所示为热门视频的分类排名。

图 4-17　热门视频的分类排名

4) 达人排行

达人排行的分类包括达人总榜、达人行业榜、达人涨粉榜、达人掉粉榜、达人地区榜和达人直播带货榜。图 4-18 所示为达人总榜，图 4-19 所示为达人涨粉榜。

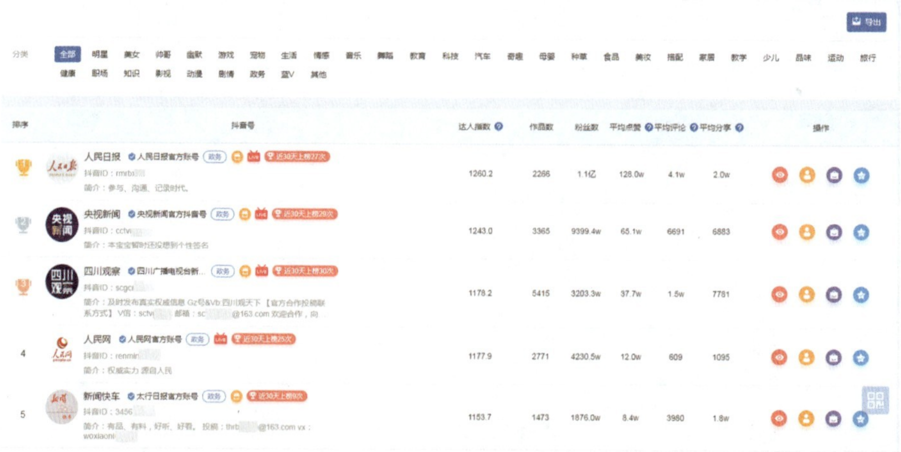

图 4-18　达人总榜

图 4-19 达人涨粉榜

以上就是笔者给大家推荐的两个数据分析平台，希望主播能够善加利用，以提高自己的直播数据分析能力。

▶ 032 平台运营能力

既然入驻了短视频直播平台，成为一名主播，就必须掌握短视频直播的平台运营能力。那么短视频直播平台运营的主要内容有哪些呢？下面以图解的形式来分析，如图 4-20 所示。

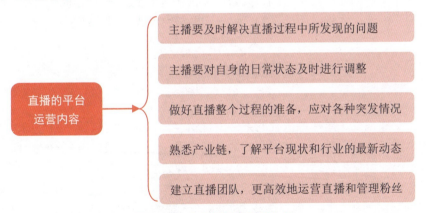

图 4-20 直播的平台运营内容

对于新人主播来说，笔者建议先把一个短视频直播平台运营好再去考虑其他平台，这样主播的直播基础会更加牢固。还有一点千万要记住：不可同时签约两个短视频直播平台，否则可能会要支付巨额的违约金。

033 供应支持能力

所谓供应支持能力,指的是主播直播带货背后的产品供应链。产品的供应链主要是针对电商直播这一类型来说的,像一些拥有顶级流量的带货主播,他们之所以能取得如此惊人的产品销售业绩,其关键因素在于拥有完整且成熟的产品供应链,以及专业的直播运营团队。

那么,主播应该如何建立稳定的产品供应链呢?笔者根据自己的经验,给直播带货的主播们提供以下几条建议,如图4-21所示。

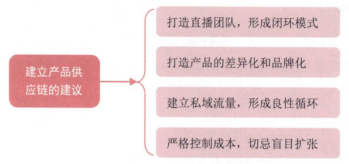

图4-21 建立产品供应链的建议

对于电商主播而言,要么是自己寻找拥有货源的产品供应链厂家进行合作,要么自己本身就是电商商家,能独立生产产品。不管是哪种情况,主播在选择商品时一定要注意价格和品质两个方面,只有产品价格足够低、质量足够好,才能吸引消费者的购买欲望。另外,所选择的产品一定要符合绝大多数人的需求。

034 粉丝运营能力

对于主播来说,直播最重要的条件就是粉丝,只有粉丝数量不断增加,和粉丝之间的情感关系越来越好,才能更好地实现变现,为主播带来更多收益。所以主播要学会系统地运营和管理自己的粉丝,以便实现效益最大化。

那么,主播应该如何有效地进行粉丝运营,维护和粉丝之间的关系,增强粉丝对主播的凝聚力和忠诚度呢?关于直播粉丝运营的方法和技巧,主要有以下几个方面。

1. 满足粉丝的心理需求

绝大多数人都有自己喜欢的明星或偶像,也曾经有过疯狂追星的经历,特别是在得到了和自己的偶像或明星互动的机会或者其个性签名时,往往都会欣喜若狂,激动不已,从而让自己的"虚荣心"得到极大满足。

之所以会有这种现象,是因为粉丝对偶像的崇拜会让其产生一种优越感,主播和粉丝之间的关系也是如此。所以,主播要想办法满足粉丝的这种心理需求,这样才能进一步加深粉丝对主播的喜爱程度,从而更好地达到运营粉丝的目的。

2. 建立粉丝群

要想更好地管理和维护粉丝,最直接、最有效的方法就是建立粉丝 QQ 群或微信群,同时设置几名管理员或者助理帮助主播运营粉丝群。主播平时有空就到粉丝群和群成员交流互动,还可以举办群活动调动粉丝的参与度和活跃性,增进彼此之间的情感和信任。

图 4-22 所示为主播"封茗囧菌"的 QQ 粉丝群;图 4-23 所示为某主播的 QQ 粉丝群。

图 4-22 "封茗囧菌"粉丝群

图 4-23 某主播官方粉丝群

另外,主播在直播的时候,可以将自己的粉丝群号码留在直播公屏上,以便不断地将新的粉丝引流至粉丝群,搭建自己的私域流量池,如图 4-24 所示。

3. 举办粉丝线下见面会

举办粉丝线下见面会能满足粉丝和主播近距离接触的愿望,有利于主播更直接地了解粉丝的需求,进一步加深彼此之间的联系,显得主播平易近人,能增强粉丝黏性和凝聚力。

图 4-24 直播时将用户引流至粉丝群

035 内容创作能力

直播内容的创作能力是每个主播必须具备的能力,提升主播的内容创作能力也是做好短视频直播的关键。在这个流量巨大的互联网时代,内容为王,只有能为用户提供优质内容的主播,才能抢占更多的流量份额,获得更多的流量变现收益,将自己的直播事业发展壮大。

主播要想提升内容创作的能力,就必须在平日里多积累直播素材,努力学习各种专业知识和技能,不断充实自己,开阔自己的视野,这样主播在策划短视频直播内容时才会有源源不断的创作灵感,也才能持续地输出优质的直播内容。

主播不能原地踏步、故步自封,要不断地推陈出新,生产有创意的内容,让用户看到你的能力和努力,这样你的短视频直播事业才会做得更长久。

036 语言沟通能力

主播在与粉丝互动的过程中,一定要注意自己的一言一行。作为一个公众人物,主播的言行举止会对用户产生巨大的影响。此外,主播还要避免一些可能会对用户造成心理伤害的玩笑。主播在与粉丝沟通交流时,要重点考虑 3 个问题,如图 4-25 所示。

注意说话的时机是反映一个人良好的语言沟通能力的重要表现，所以主播在说话之前必须把握好用户的心理状态，考虑对方的感受。

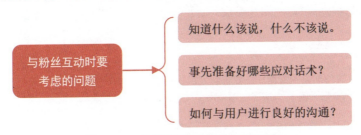

图 4-25　与粉丝互动时要考虑的问题

举个例子，在现实生活中，当你向某人提出意见或请求时，如果他当时正在气头上，那么你说什么他都听不进去；如果你选择在他遇到好事正高兴的时候讲，他就会欣然接受，马上答应你的请求。可见，之所以会产生两种截然不同的结果，关键在于说话的时机以及听话人当时的心理状态。

例如，B 站 UP 主（账号运营者）兼主播"硬核的半佛仙人"在投稿视频中，不仅大加赞扬 B 站用户的优秀和潜力，让用户听了非常受用和舒服，同时也在视频中暗示用户给他三连投币和支持，如图 4-26。用户被 UP 主夸奖了之后心情很好，自然就很愿意给 UP 主的视频一键三连以及进行投币支持。这个就是把握说话时机的典型案例。总而言之，只有选对说话的时机，才能让用户接受主播的意见，这样双方的交流互动才有效果。

图 4-26　把握说话时机的案例

除了要把握说话的时机之外，学会倾听也是主播在和粉丝沟通交流中必须养成的习惯，懂得倾听别人说话是尊重他人的表现。这样主播在快速获得用户的好感的同时，在倾听的过程中也了解了用户的需求，可谓一举两得。

例如，B 站 UP 主兼主播"爱闹腾的老王"经常对粉丝和网友的私信和留言进行认真的阅读并回复，甚至转发他们的问题，发动群众的力量，尽自己最大的努力来解决他们的实际问题，如图 4-27 所示。这就是懂得倾听他人诉求的例子。

图 4-27 懂得倾听诉求的案例

在主播与用户的互动过程中，虽然表面上看起来好像是主播在主导话题，但实际上却要以用户的需求为主。主播要想了解用户的需求和痛点，就一定要认真地倾听他们的诉求和反馈。

主播在和用户沟通交流时，姿态要谦和，态度要友好。聊天不是辩论比赛，尽管每个人的观点主张都不一样，但没必要分出个对错输赢。所以主播要明白，人与人之间的交往最重要的是彼此尊重，互相理解。有的时候，对并没有用。主播在与用户交流沟通的时候，应该要做好 3 个方面的工作，如图 4-28 所示。

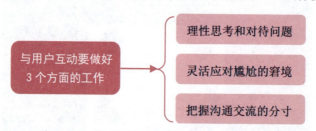

图 4-28 与用户互动要做好 3 个方面的工作

在主播的直播互动过程中，有时候会遇到这样的用户群体：他们敏感、脆弱、容易发脾气，容不得别人说他的不是，否则就会觉得自己的尊严受到了侵犯。这些人有一颗"玻璃心"，或者说比较自卑。

笔者在现实生活中也遇到过这一类人，所以根据自身的经验和经历，给主播的建议是尽量不要去触碰他们的敏感神经，不予理睬就好。因为自卑的人的典型特征就是完全以自我为中心，听不进其他意见，也不会顾及他人感受。如果他们无理取闹，扰乱直播间的正常秩序，必要时可以进行踢除。

037　应对提问能力

随机应变是一名优秀的主播所要具备的能力。因为直播是一种互动性很强的娱乐活动，粉丝会向主播提出各种各样的问题，对于这些问题，主播要在脑海中快速找到应对的话术。

如果用户问的是关于主播年龄、真实姓名、兴趣爱好等隐私类的问题，那么主播可以根据自己的意愿，有选择性地进行回答；如果用户问的是关于专业知识类的问题，主播知道的就予以回答，不知道的完全可以大方地表明自己不是很了解，千万不要不懂装懂，撑面子，这样不仅不会误导粉丝，还会降低主播在用户心中的形象和地位。反之，大方承认不仅不会影响用户对主播的看法，反而会让其觉得主播很诚实。

还有一种情况就是，如果用户将自己遇到的问题和烦恼向主播求助，那么便可像前面笔者提到过的那位主播一样，尽自己所能去帮助每一位用户；如果主播能力有限，还可以发挥众人的力量。

所以，对于新人主播来说，在前期起步阶段就要在直播中不断锻炼自己的随机应变能力，总结经验话术，这样到后期成长起来之后，便可应对自如了。

主播在进行直播之前，一定要做好充分准备，特别是对于和自身专业技能相关的直播。这种情况在在线教育行业的直播中十分普遍，通常讲师在正式直播上课前都会做好直播课程内容的课件，把所要讲的相关知识点全部梳理一遍，还有的讲师会专门在课程内容讲解完之后设置一个疑问问答环节来解答学员提出的问题。

再比如进行户外旅行的直播，主播不一定要有导游一样的专业能力，对任何问题都能对答如流，但也要在直播之前把旅游地点的相关情况了解清楚。

主播在回答粉丝提问的过程中，如果涉及当下社会热点事件和时事的话题，一定要谨言慎行，充分思考之后再做回答，如果是正面积极的事件，那就予以肯定和提倡；如果是负面敏感的新闻，则不要发表任何观点或看法，要想办法转移话题。

038　心理素质能力

在直播的过程中，主播难免会遇到各种突发状况，这时就非常考验主播的应变能力和心理素质了。一般在直播中遇到的突发状况主要有两种，一种是客观发生的，还有一种是主观人为的。接下来笔者就这两种情况通过案例来具体分析。

1. 客观突发情况

主播是通过互联网与用户建立联系的，要想直播就必须搭建好网络环境。有时候主播会因为一些不可抗拒的客观因素而导致直播无法正常继续下去，比如网络波动、突然停电而断网等。

面对这种情况，主播不要惊慌失措，应该马上用手机重新连接直播，或者在粉丝群中告知直播中断的原因，向他们真诚地道歉，并给予一定的补偿。粉丝得知缘由就会体谅主播，不会因为这次的小意外而产生不愉快。

2. 主观突发情况

一般来说，客观的突发情况发生的概率比较少，最多的还是人为导致的意外，比如一些讨厌主播的人或恶意竞争的同行，为了干扰主播的正常直播，故意在直播间和主播唱反调，破坏直播间的秩序，影响主播的直播节奏和直播的效果。

这类现象在各个行业都有存在，主播需要做的就是一旦在直播间出现这样的故意捣乱的人，迅速做出反应，先好言相劝，如果不听，再将其踢出直播间。

面对人为的突发情况，主播要具备良好的心理素质，从容不迫地应对和处理，这样才能使直播继续顺利进行下去，而不会影响直播的整体效果。例如，在某演讲大会上，某演讲人正在兴致勃勃地给观众做演讲，突然一位手拿矿泉水的观众走上台，把整瓶矿泉水直接从演讲人的头上倒下，给演讲人来了个"透心凉，心飞扬"。但是最让人佩服的是，该演讲者在面对这种尴尬的突发情况时非常淡定自若，反应过来之后整理了一下发型，擦掉脸上的水，对泼水的那位观众心平气和地说了一句："你有什么问题？"随后迅速调整状态，继续演讲。他的这种表现获得了在场所有人的称赞和掌声。当然，那位肇事者也马上被安保人员控制。

039 调节气氛能力

由于直播的时间一般来说比较长，所以不管是主播还是用户，都无法一直保持高昂的情绪和高度集中的注意力，时间一久，难免会产生疲惫的感觉。此时就需要主播想办法调节直播间的气氛，调动用户的兴趣和积极性。

那么，主播应该如何调节直播间的气氛呢？笔者认为可以从以3个方面来做好调节，如图4-29所示。

图4-29 调节直播气氛的方法

第 5 章

带货预热：
增加热度，提高直播销量

学前提示

在正式开始短视频直播之前，运营者需要先通过一定的方法进行预热，为提高直播销量做好准备，例如，制作好直播封面、找到合适的带货方案。

这一章，笔者就来对直播封面的制作方法和常见的带货方案进行讲解，帮助各位运营者更好地进行短视频直播带货的预热。

要点展示

- ▶ 封面选择要点
- ▶ 封面制作方法
- ▶ 制作封面要点
- ▶ 利用福利引导
- ▶ 体现物美价廉
- ▶ 展现产品优势
- ▶ 设置悬念标题
- ▶ 用好明星效应

040 封面选择要点

封面对于一个直播活动来说是至关重要的，它甚至能影响一场直播的带货效果。因为许多短视频用户都会根据短视频直播封面呈现的内容，决定要不要观看直播。那么，如何为直播选择最佳的封面图片呢？笔者认为大家重点可以从3个方面进行考虑，具体如下。

1. 紧密联系直播内容

如果将一个短视频直播比作一篇文章，那么，直播的封面就相当于文章的标题。所以，在选择短视频直播封面时，一定要考虑封面图片与直播的关联性。如果短视频直播封面与直播内容的关联性太弱，那么用户就会觉得你是用封面骗他进直播间。在这种情况下，短视频用户观看直播时，自然就会产生不满情绪，甚至会产生厌恶感。

其实，根据与内容的关联性选择直播封面的方法很简单，短视频运营者只需要根据短视频的主要内容选择能够代表主题的文字和画面即可。

2. 自成风格，拥有特色

一些短视频账号在经过一段时间的运营之后，在直播封面的选择上可能已经形成了自身的风格特色，而短视频用户也接受了这种风格，甚至部分短视频用户还表现出对这种短视频封面风格的喜爱，那么，短视频运营者在选择短视频封面时就可以延续自身的风格，也就是根据账号短视频以往的风格来选择封面图片。

例如，有的主播喜欢在直播时说自己的口头禅，而且这些口头禅也让其收获了许多粉丝。此时，主播便可以将口头禅作为自己的一种特色，将其用文字在直播封面图片中展示出来。而在使用这种封面一段时间之后，如果觉得效果比较好，主播就可以一直沿用这种风格，让自己的直播封面自成风格。

3. 根据规则，进行选择

许多短视频平台都有自己的规则，有的短视频平台甚至将这些规则整理成文档进行展示。对于短视频运营者来说，要想更好地运营短视频账号，就应该遵循平台的规则。

通常来说，各短视频平台会通过规则的制定，对短视频运营者在平台上的各种行为进行规范。短视频运营者可以从规则中找出与短视频直播封面相关的内容，并在选择短视频封面时将相关规则作为重要的参考依据。

以抖音短视频平台为例，它制定了《"抖音"用户服务协议》，该协议包含的内容比较丰富。短视频运营者在制作直播封面时，可以重点参考该协议中5.2.3

（在抖音中不能制作、复制、发布和传播的内容）和 4（"抖音"信息内容使用规范）的相关内容，具体如图 5-1、图 5-2 所示。

图 5-1　在抖音中不能制作、复制、发布和传播的信息

图 5-2　"抖音"信息内容使用规范

041　封面制作方法

因为大多数短视频用户会根据直播的封面决定是否观看直播内容。所以，短视频运营者在制作直播封面时，一定要尽可能地让自己的直播封面看起来更加高大上。

为此,运营者需要了解并掌握制作直播封面的一些技巧。

1. 后期处理的基本操作

许多短视频运营者在制作短视频封面时,并不是直接从拍摄的短视频画面中选取短视频封面。对于这一部分短视频运营者来说,通过后期处理,对封面进行调整优化就显得非常关键了。

其实,许多 App 都可以帮助短视频运营者更好地调整短视频的封面图。以美图秀秀 App 为例,其包含的抠图、虚化和光效功能就能很好地帮助运营者和主播制作短视频直播的封面。

1)抠图

当运营者和主播需要将某个画面中的一部分,如画面中的人物,单独拿出来制作短视频直播封面时,就可以借助美图秀秀 App 的"抠图"功能,把需要的部分"抠"出来。在美图秀秀 App 中使用"抠图"功能的具体操作步骤如下。

步骤 01 打开美图秀秀 App,点击默认界面中的"图片美化"按钮,如图 5-3 所示。

步骤 02 进入"最近项目"界面,选择需要进行抠图的照片,如图 5-4 所示。

图 5-3 点击"图片美化"按钮

图 5-4 选择需要进行抠图的照片

步骤 03 进入照片处理界面,点击下方的"抠图"按钮,如图 5-5 所示。

步骤 04 进入抠图界面,选择"一键抠图"选项,然后根据提示选择并拖动照片中需要的部分,便可以直接进行抠图,如图 5-6 所示。

步骤 05 抠图完成之后,只需点击界面右下角的 ✓ 按钮,即可将完成抠图的照片直接导出。

图 5-5 点击"抠图"按钮

图 5-6 抠图界面

2) 背景虚化

有时候运营者和主播在制作短视频直播封面时,需要重点突出画面中的部分内容。比如,需要重点展现人物的颜值。此时,便可以借助"背景虚化"功能,通过虚化不重要的部分,来突出显示画面中的重要部分。在美图秀秀 App 中使用"背景虚化"功能的具体操作步骤如下。

步骤 01 打开美图秀秀 App,点击默认界面中的"图片美化"按钮,进入"最近项目"界面,选择需要进行背景虚化的照片。

步骤 02 进入照片处理界面,点击下方的"背景虚化"按钮,如图 5-7 所示。

步骤 03 进入背景虚化处理界面,运营者和主播可以在该界面中选择不同的背景虚化模式。美图秀秀 App 提供了 3 种背景虚化模式,即智能、图形和直线,如图 5-8 所示。短视频运营者只需根据自身需求进行选择和设置即可。

步骤 04 背景虚化处理完成之后,只需点击界面右下角的 ✓ 按钮,即可将完成背景虚化的照片直接导出。

图 5-9 所示为原片和进行了背景虚化之后的照片,对比之下不难发现,经过背景虚化之后,画面中的重点部分,即人物更容易成为视觉的焦点。

3) 光效调整

部分运营者拍摄短视频或照片时,可能会因为光线比较暗淡,导致拍出来的短视频画面或照片亮度不足。在遇到这种情况时,运营者和主播可以借助美图秀秀 App 的"光效"功能,让画面或照片"亮"起来。具体来说,在美图秀秀 App 中使用"光效"功能的操作步骤如下。

图 5-7 点击"背景虚化"按钮

图 5-8 背景虚化处理界面

原片

背景虚化后的照片

图 5-9 照片背景虚化处理的前后对比

步骤 01 打开美图秀秀 App,点击默认界面中的"图片美化"按钮,进入"最近项目"界面,选择需要进行光效调整的照片。

步骤 02 进入照片处理界面,点击下方的"增强"按钮,如图 5-10 所示。

步骤 03 进入光效处理界面,在该界面中运营者可以通过智能补光、亮度、对比度和高光调节等设置,对照片的光效进行调整,如图5-11所示。

步骤 04 光效处理完成之后,只需点击界面右下角的 ✓ 按钮,即可将完成光效处理的照片直接导出。

图5-10 点击"增强"按钮

图5-11 光效处理界面

图5-12所示为原片和进行了光效处理之后的照片,可以看到,经过光效处理之后,图片明显变得明亮了,而且"颜值"也得到了提高。

原片

光效处理后的照片

图5-12 照片光效处理的前后对比

2. 设置封面的操作方法

毫无疑问，短视频直播封面的制作非常重要，毕竟短视频直播封面只有制作出来之后，才能被使用。但是，要想将封面真正地运用到短视频直播中，还需要进行具体的设置。所以，运营者还必须掌握短视频直播封面的设置方法。

不同短视频平台的直播封面设置方法不尽相同，下面笔者就来重点介绍抖音、快手和抖音火山版这3个平台的短视频封面设置方法。

1）抖音直播封面设置

在抖音中，运营者可以通过以下步骤，完成抖音短视频直播封面的设置。

步骤 01 打开抖音短视频App，点击"推荐"界面中的 + 按钮，如图5-13所示。

步骤 02 进入抖音的短视频拍摄界面，点击界面中的"开直播"按钮，如图5-14所示。

图5-13 点击 + 按钮

图5-14 点击"开直播"按钮

步骤 03 进入直播信息设置界面，点击"更换封面"按钮；在弹出的提示框中选择直播封面图片的设置方式，这里笔者以选择"从相册上传"这种封面设置方式为例进行说明，如图5-15所示。

步骤 04 进入"所有照片"界面，选择需要设置为直播封面的照片，如图5-16所示。

步骤 05 进入照片区域选择界面，在该界面中选择需要设置成直播封面的照片区域，点击"选取"按钮，如图5-17所示。

步骤 06 返回直播封面设置界面，如果此时直播封面变成刚刚设置的照片区域，就说明直播封面设置成功了，如图 5-18 所示。

图 5-15 选择直播封面设置方式

图 5-16 选择需要设置为直播封面的照片

图 5-17 点击"选取"按钮

图 5-18 直播封面设置成功

2) 快手直播封面设置

在快手平台中，直播的封面同样是可以自主进行设置的。那么，快手短视频直播的封面怎样进行设置呢？具体步骤如下。

步骤 01 打开快手 App，会默认进入"发现"界面。点击该界面下方的 ⊙ 按钮，如图 5-19 所示。

步骤 02 进入快手直播设置界面,点击"添加封面"按钮,如图5-20所示。

图 5-19 点击 ◉ 按钮

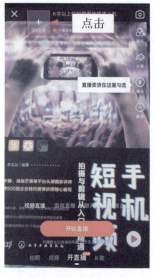

图 5-20 点击"添加封面"按钮

步骤 03 操作完成后,在弹出的提示框中选择短视频直播封面的设置方式,这里笔者以选择"从相册选取"的封面设置方式为例进行说明,如图5-21所示。

步骤 04 进入"最近项目"界面,选择需要设置为短视频直播封面的照片,如图5-22所示。

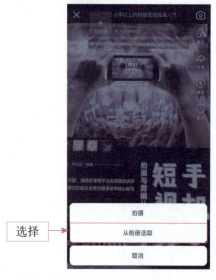

图 5-21 选择"从相册选取"的封面设置方式

图 5-22 选择需要设置为封面的照片

步骤 05 进入"预览"界面,查看照片效果。如果运营者确认要将该照片设置为短视频直播封面,可以点击界面上方的"选取"按钮,如图5-23所示。

步骤 06 返回直播封面设置界面,如果此时直播封面变成刚刚选取的照片,就说明直播封面设置成功了,如图5-24所示。

图5-23 点击"选取"按钮

图5-24 直播封面设置成功

3) 抖音火山版短视频封面设置

和抖音短视频、快手短视频相同,抖音火山版也是一个以分享短视频和直播内容为主的平台。那么,在抖音火山版平台中要怎样设置直播封面图呢?接下来,笔者就来讲解具体的操作步骤。

步骤 01 打开抖音火山版App,会默认进入"视频"界面。点击该界面右上方的按钮,如图5-25所示。

步骤 02 进入抖音火山版短视频的拍摄界面,点击界面中的"直播"按钮,如图5-26所示。

步骤 03 进入抖音火山版直播设置界面,点击"更换封面"按钮;在弹出的提示框中选择直播封面图片的设置方式,这里笔者以选择"从相册上传"这种封面设置方式为例进行说明,如图5-27所示。

步骤 04 进入"所有照片"界面,选择需要设置为直播封面的照片,如图5-28所示。

步骤 05 进入照片区域选择界面,在该界面中选择需要设置成直播封面的照片区域,点击"选取"按钮,如图5-29所示。

图 5-25　点击 按钮　　　　图 5-26　点击"直播"按钮

图 5-27　选择"从相册上传"的封面设置方式　　图 5-28　选择需要设置为封面的照片

步骤 06 返回直播封面设置界面，如果此时直播封面变成刚刚设置的照片区域，就说明直播封面设置成功了，如图 5-30 所示。

以上介绍了 3 个短视频平台直播封面的设置方法。除了这几个平台之外，市面上还有许多短视频直播平台。这些平台的直播封面设置方法与这 3 个平台大致相似，只需按照上述方法进行操作即可，笔者在这里就不再赘述了。

带货预热：
增加热度，提高直播销量   第5章

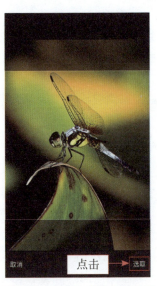

图 5-29　点击"选取"按钮

图 5-30　直播封面设置成功

042　制作封面要点

在制作短视频封面的过程中，有一些需要特别注意的事项。这一节，笔者从中选取了 5 个方面的内容，为大家进行重点说明。

1. 使用原创封面

这是一个越来越注重原创的时代，无论是直播，还是直播的封面，都应该尽可能地体现原创。这主要是因为，用户会根据封面判断是否观看直播，如果运营者的直播封面图用的是别人的图片，那么用户可能就会认为你别有用心。这样一来，直播的点击率就难以得到保障了。

其实，要做到使用原创直播封面这一点很简单。因为绝大多数短视频运营者都会拍摄原创短视频，出镜的主播通常也有自己的形象照，所以，只需使用原创短视频的画面或者出镜主播的形象照，基本上就能保证短视频直播封面的原创性。

2. 用文字传达信息

在直播封面的制作过程中，如果文字说明运用得好，就能起到画龙点睛的作用。然而，现实却是许多短视频运营者在制作直播封面时，对于文字说明的运用还存在一些问题。

这主要体现在两个方面。一是使用的文字说明过多，封面上的文字信息占据了很大的版面。这种文字说明方式，不仅会增加短视频用户阅读文字信息的时间，而且会让用户觉得封面太过杂乱了。

二是在短视频直播封面中干脆不进行文字说明。这种文字说明方式虽然更能保持画面的美观，但是，许多用户看到直播封面之后难以判断这个直播展示的具体内容是什么。

其实，运用好文字说明也很简单，短视频运营者只需在封面中尽可能地用简练的文字进行表达，能够有效地传达信息即可。

3. 选择合适的景别

部分运营者在制作短视频封面时，会直接从原创短视频中选取画面作为短视频直播的封面。这部分运营者需要特别注意一点，那就是不同景别的画面，显示的效果有很大的不同。运营者在选择短视频封面时，应该选择展现短视频最大看点的景别，让用户能够快速把握重点。

图5-31所示为某个短视频的两个画面，可以看到这两个画面在景别上就存在很大的区别。如果运营者要在这两个画面中选择一个作为直播封面图，笔者认为右侧这个图会更加合适一些。这主要是因为通过左侧这个图片，用户甚至都不知道视频内容究竟是什么；而右侧的画面中不仅能看到鳗鱼的全貌，而且因为该画面中呈现的是摆盘效果，所以整体的美感要更好一些。

图5-31 某短视频的两个画面

4. 用构图提升美感

同样的主体，以不同的构图方式拍摄出来，其呈现的效果也可能会存在较大的差异。而对于短视频运营者来说，一个具有美感的短视频直播封面无疑是更能吸引短视频用户目光的。因此，在制作短视频直播封面时，应选择合适的构图方式呈现主体，让短视频画面更具美感。

图 5-32 所示为不同构图风格的两个短视频直播封面。左侧的直播封面呈现的事物太多，让人看得眼花缭乱，难以把握具体的主体，而且整个封面看上去毫无美感。这个短视频封面在构图方面可以说是失败的。

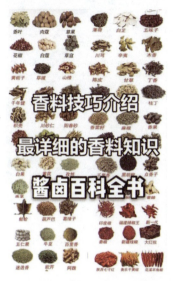

图 5-32　不同构图风格的两个直播封面

而右侧的短视频直播封面则单独展示了酱牛肉这个主体。用户只要一看短视频直播封面，就能快速把握主体，而且整个画面也比较美观。因此，相比之下，右侧直播封面在构图方面要比左侧直播封面好得多。

除了画面中事物的数量多之外，运营者在进行画面构图时还需要选择合适的角度。如果角度选择不好，画面看起来可能就会有一些怪异。例如，某个出镜人物比较瘦，再加上拍摄的是人物弯腰的动作，所以最后呈现的效果是人物看上去就像个大头娃娃，毫无美感。很显然这样的构图效果就不适合作为直播封面图片。

5. 用色彩强化视觉

人是一种视觉动物，越是鲜艳的色彩，通常就越容易吸引人的目光。因此，短视频运营者在制作直播封面时应尽可能地让物体的颜色更好地呈现出来，让整个直播封面的视觉效果更强一些。

图 5-33 所示为两个短视频直播的封面。虽然这两个封面呈现的都是小龙虾，但是右侧的直播封面对用户的吸引力会强一些。这主要是因为左侧的画面在拍摄时光线不足，再加上食物的颜色经过烹制之后出现了变化，所以画面中小龙虾的颜色显得不够鲜艳。而右侧的直播封面中，画面光线很足，小龙虾看上去更为美观，看着也更有食欲一些。

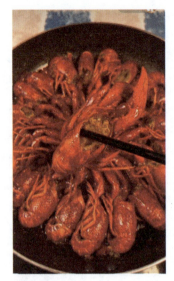

图 5-33 两个短视频直播的封面

043 利用福利引导

运营者要想让用户在观看直播时快速下单,可以通过送福利的方式对用户进行种草。因为这很好地抓住了用户偏好优惠福利的心理,从而能够很好地"诱导"用户购买产品。

例如,某品牌进行了一场短视频直播促销活动。在直播中,主播为了最大限度地吸引用户购买产品,给出新品八五折的福利。在直播中,主播以"福利"为主题,使出了浑身解数进行促销。首先是全面为用户介绍产品的优势;其次是在背景墙上标明"清仓""秒杀"等关键字眼,引起用户的注意;最后是直接在直播中送秒杀福袋。通过主播的这些努力,观看直播的用户越来越多,流量也不断转化为销量。

当然,给用户送福利的方法除了能在清仓的时候使用,在新品上架的时候同样也很适用。而且这种送福利的方式能更大程度地调动用户购物的积极性,毕竟上新时的优惠,很多用户是不舍得错过的。

企业和商家一般在上新时都会大力宣传产品,而用户往往也会对新品充满无限期待,但由于高昂的价格,很多用户都只能望而却步。所以,如果在新品上架时通过短视频直播给用户送福利,则更能吸引用户下单购买产品。

此外,主播也可以在直播中通过发送优惠券吸引用户购买产品。人们往往都会对优惠的东西失去抵抗力,像平时人们总会愿意在超市打折、促销的时候购物一样,用户在网上购物时也想获得一些优惠。

例如，某店铺为了推销新款产品，进行了一次主题为"新款限时福利"的短视频直播。在该直播中，用户关注主播可以领取5元无门槛红包，观看5分钟直播可以领取"满138减10元"的优惠券。因为所有红包和优惠券只有在直播的时候才能使用，所以这场直播获得了不错的销量。

还有一些主播会在直播中开展一些活动突出优惠，来对用户进行种草。例如，某抖音主播在直播间发起了"新来的一元包邮"活动，用户只需要在直播评论区打出"新来的"这3个字，就有机会只花一元钱购买到产品。

主播还可以通过赠送产品的方式凸显直播的福利，对用户种草。例如，某面膜99元3盒，主播在向用户介绍价格时就表示："今天晚上面膜一盒69，第二盒30，第三盒不要钱。"这样的表达方式很容易在用户心中种草产品，甚至能让用户直接购买产品。

044 体现物美价廉

用户经常会被一些特价的活动吸引，从而点开观看短视频直播。在直播中展现物美价廉是吸引用户关注并下单的又一个技巧。比如，主播可以在直播时反复说"性价比高，包您满意"等语句。有很多人觉得这样吆喝太过直接，但用户其实需要主播向他们传达这样的信息，因为大部分消费者都希望自己购买的产品是物美价廉的。

如何使用户感觉产品特别实惠呢？相信大部分读者都对"饥饿营销"这个词语有所耳闻。比如各种限量发售的名牌球鞋、限量大牌口红，实际上就是通过"饥饿营销"来进行产品推广、促进产品销售的。

物美价廉包含两个方面，即物美和价廉。价廉就是让用户觉得产品的价格比较实惠，让用户觉得产品价廉的方法，笔者在上文中已经进行了介绍。接下来，笔者就来讲让用户觉得产品物美的方法。

让用户觉得物美的方法有很多，其中一种就是通过制造产品的稀缺感，让用户觉得产品是值得购买，甚至是物超所值的。当主播在直播间用"秒空""卖得很快""超级实惠"等词汇介绍产品的时候，用户如果觉得自己有需要就会马上去抢优惠，因为他们会认为不抓紧时间可能就买不到了。饥饿营销的第一步就是利用人的稀缺心理制造稀缺感。往往机会越难得、价值越高的产品，对用户的吸引力就越大。

例如，当一件商品的库存为500件，观看直播的人数为1000人时，A主播宣布秒杀时间为10分钟，并告诉粉丝库存为500件；B主播同样给粉丝10分钟时间进行秒杀，但告诉粉丝只有100件库存。

在相同的时间里，试问：哪位主播的营销效果会更好呢？肯定是B主播。因为用户会觉得B主播的产品库存更紧张，要想买到商品就要快速下手，否则很可能会买不到。所以，许多用户在听到 B 主播的介绍之后，会赶紧下手抢购，而这样一来，产品的销量瞬间就上去了。

正是因为观看直播的人数远远大于主播所说的产品库存量，所以，也会让用户觉得"这个价格来之不易，过了这个村就没这个店"。在这种情况下，用户自然会争相购买产品。如果在一场营销中，只有限量，却没有制造出粉丝互相争抢的氛围，其营销效果往往不会太好。而饥饿营销之所以会受到运营者的追捧，就是因为它不仅能增加直播曝光度，还能很好地激发用户的购买欲望。

主播可以从产品和价格两方面入手，在介绍产品优势的同时，介绍产品的优惠活动，兼顾物美和价廉。例如，有一位试图推销 VR 眼镜的店主在直播时，就利用几个技巧吸引了上万人的关注，一时间这家店铺的热度快速上升，产品也由此得以大卖。那么，这位店主究竟是怎么做的呢？笔者将其营销流程总结为 3 个步骤，如图 5-34 所示。

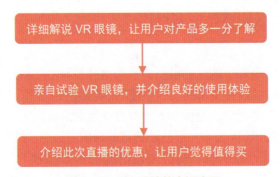

图 5-34　VR 眼镜的直播流程

同时，在直播中，主播还给用户送上了特别优惠，给"物美价廉"又增添了几分魅力，不断吸引用户下单。这款产品也成为该主播的最热爆款。

045　展现产品优势

直播与其他营销方式最大的不同就是，直播能够更加直观地让用户看到产品的优劣，从而让用户放心并爽快地购买产品。而要做到这一点，主播就要在镜头前充分展现出产品的优势。具体应该怎么做呢？笔者将其总结为 3 点，具体如下。

(1) 主播要展示产品的近景和远景，给用户不同的感受。

(2) 主播要呈现产品细节，用小细节吸引用户。

(3) 主播要满足用户的需求，根据用户请求展示产品。

展示产品的近景和全景，以及根据用户请求展示产品这两点，大多数主播在直播时都做到了，而展示产品的细节这一点却经常被主播忽略。其实，展示产品的细节可以很好地凸显产品在某个方面的优势，而且还能让这种优势更好地被用户认同，从而更好地提高产品的销量。

例如，某位主播在快手短视频平台进行直播时，在向用户推荐一款鞋子的过程中，特意将鞋子的鞋垫拿了出来，放在镜头前进行了细节展示，并结合鞋垫的设计告知用户脚踩在这种鞋垫上很舒服，即便穿着这款鞋走很长的时间，脚也不会疼，如图5-35所示。

图 5-35 主播展示鞋垫的细节

与直接介绍产品的整体情况相比，这种细节展示的优势就在于可以很好地突出产品某方面的优势，因为在镜头中对细节进行了放大展示，所以，产品的细节优势通常也会更让用户信服。

046 设置悬念标题

通过制造悬念吸引人气是很多营销人员一直都在使用的一种方法，而这在短视频直播运营中同样也是适用的。在直播中制造悬念的方法有很多，比如，主播可以在直播中与用户进行互动挑战，激发用户的参与热情，同时因为互动挑战的内容具有未知性，所以这也使得用户对挑战充满期待和好奇。

此外，通过直播标题设置悬念也是吸引人气的一个绝佳方法。有些短视频直播标题虽然充满悬念，但直播内容却索然无味，这就是人们常说的"标题党"。这种做法显然是不可取的。那么，主播要如何设置具有悬念的直播标题呢？笔者总结了3种方法，具体如下。

(1) 解密悬念式：以解开某种秘密为噱头展开标题。
(2) 日常悬念式：通过日常生活中的一些人、事和物制造悬念。
(3) 事件悬念式：通过某个事件制造悬念。

例如，西瓜短视频直播中的某个标题为"大山里原生态养殖的山羊，竟然没人要，这是怎么回事？"，如图 5-36 所示。这便是一种解密悬念式的标题，用户看到该标题之后，为了了解山羊没人要的原因就会点击观看直播，而这样一来，随着直播点击量的增加，直播的热度自然也就提高了。

图 5-36　解密悬疑式的直播标题

047　用好明星效应

明星的一举一动都会受到大众的关注，并且明星粉丝的数量是非常多的，忠诚度也相对更高。由于明星的影响力比普通主播更大，如果明星进行直播，往往会更容易吸引用户的点击。这也是明星效应的一种体现。

而在直播中借助明星效应增强直播热度的方法也很简单，企业或店铺既可以直接邀请明星进行直播，帮忙推荐产品；也可以与知名主播合作，让主播主动帮忙联系合适的明星。另外，运营者还可以通过发布短视频等方式，做好直播预告，让用户提前了解参与直播的明星，从而吸引更多用户按时观看直播。

图 5-37 所示为两条短视频直播的预告视频，可以看到这两条短视频中便是通过提前告知参与直播明星的方式，来吸引用户按时观看短视频直播、提高短视频直播热度的。

第 5 章 带货预热：增加热度，提高直播销量

图 5-37 短视频直播预告视频

第6章

带货引流：
多种渠道增加直播流量

学前提示

　　一场短视频直播的营销效果与其获得的流量有着直接的关系，通常来说，短视频直播获得的流量越多，其获得的变现效果就越好。

　　其实，短视频引流的渠道有很多，运营者既可以在平台内引流，也可以借助其他平台引流。这一章，笔者就来讲具体的引流方法。

要点展示

- ▶ 参与话题引流
- ▶ 推广功能引流
- ▶ 连麦 PK 引流
- ▶ 发送红包引流
- ▶ 微信平台引流
- ▶ 分享直播引流
- ▶ QQ 平台引流
- ▶ 微博平台引流
- ▶ 百度平台引流
- ▶ 今日头条引流
- ▶ 视频平台引流
- ▶ 音频平台引流

048 参与话题引流

部分短视频的直播设置界面中能添加直播话题，运营者可以借助该功能增加直播的话题性，从而吸引对话题感兴趣的用户。以抖音短视频平台为例，运营者可以通过如下步骤添加直播话题。

步骤 01 打开抖音短视频 App，进入直播设置界面，点击界面中的"添加合适的话题，获得更多人气"，如图 6-1 所示。

步骤 02 操作完成后，弹出"选择话题"列表框。运营者在该列表框中可以通过两种方法添加直播话题。一种是在"选择话题"列表框的默认界面中点击对应话题后方的"参与"按钮，如图 6-2 所示，操作完成后，如果"参与"按钮变成"参与中"，并且直播的添加话题位置显示了话题，就说明话题添加成功了，如图 6-3 所示。

图 6-1 点击添加话题

图 6-2 点击"参与"按钮

步骤 03 另一种方法是点击"选择话题"列表框中的"自定话题"按钮。操作完成后，在"自定话题"列表框中输入话题关键词，如"摄影"；再从下方的话题中选择合适的话题，点击"提交"按钮，如图 6-4 所示。

步骤 04 操作完成后，返回抖音短视频直播设置界面，如果此时话题添加处出现了刚刚选择的话题，就说明话题添加成功了，如图 6-5 所示。

步骤 05 设置完成后，运营者只需点击直播设置界面中的"开始视频直播"按钮，便可发布添加了话题的直播。

第6章 带货引流：多种渠道增加直播流量

图6-3 显示已参与话题

图6-4 点击"提交"按钮

图6-5 话题添加成功

049 分享直播引流

运营者可以将直播信息分享至各社交平台，从而直接为直播引流。以快手直播为例，运营者可以通过以下两种方法通过分享直播，为直播引流。

1. 直播设置中分享

运营者可以直接在快手直播设置中直接分享直播信息，具体步骤如下。

步骤 01 登录快手App，进入直播设置界面，点击界面中的"分享"按钮；

在弹出的列表框中选择需要分享直播信息的社交平台，如"QQ"，如图6-6所示。

步骤 02 操作完成后，跳转至 QQ 的"发送给"界面，在界面中选择分享直播信息的对象。笔者在这里以选择"我的电脑"为例，进行说明，如图6-7所示。

图6-6 选择分享直播信息的社交平台

图6-7 选择分享直播信息的对象

步骤 03 操作完成后，弹出"发送到："列表框，点击列表框中的"发送"按钮，如图6-8所示。

步骤 04 进入聊天界面，如果此时界面中出现了直播链接，就说明直播信息分享成功了，如图6-9所示。

步骤 05 此时，被分享的对象只需点击该链接，便可跳转至快手直播界面。越来越多被分享用户点击链接，直播间获得的流量自然也就增多了。

2. 直播过程中分享

在进行直播的过程中，运营者也可以将正在进行的直播分享至各社交平台。以快手直播为例，运营者可以通过如下步骤分享正在进行的直播。

步骤 01 运营者开启快手直播之后，点击直播界面中的"更多"按钮，如图6-10所示。

步骤 02 操作完成后，会弹出一个列表框。点击列表框中的"分享"按钮，如图6-11所示。

步骤 03 操作完成后，弹出"分享至"列表框。在列表框中选择需要分享直播信息的社交平台，如"QQ空间"，如图6-12所示。

步骤 04 进入"转发到空间"界面，输入文字内容，点击"发表"按钮，如

图 6-13 所示。

图 6-8 点击"发送"按钮

图 6-9 直播信息分享成功

图 6-10 点击"更多"按钮

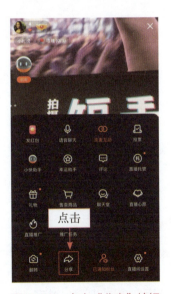

图 6-11 点击"分享"按钮

步骤 05 操作完成后，运营者的 QQ 空间中便会出现一条带有快手直播信息的动态，如图 6-14 所示。如果运营者的 QQ 好友看到该动态之后对直播内容比较感兴趣，便可以点击动态中的直播链接进入快手直播界面。而这样一来，运营者便可以借助 QQ 空间实现快手直播引流。

图 6-12 选择需要分享直播信息的社交平台

图 6-13 点击"发表"按钮

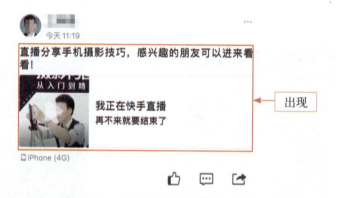

图 6-14 直播信息分享成功

050 推广功能引流

很多运营者都知道,抖音、快手等短视频平台都是可以花钱让平台推广短视频的。部分运营者可能不知道的是,短视频直播同样也是可以借助平台的推广功能进行引流的。以快手为例,运营者可以通过如下步骤利用平台的推广功能为直播引流。

步骤 01 运营者开启快手直播之后,点击直播界面中的"更多"按钮,在弹出的列表框中点击"直播推广"按钮,如图 6-15 所示。

步骤 02 操作完成后，弹出"直播推广"列表框。运营者可以在列表框中设置期望增加的观众数量，设置完成后，点击"开启推广"按钮，如图6-16所示。

图6-15 点击"直播推广"按钮

图6-16 点击"开启推广"按钮

步骤 03 操作完成后，运营者只需根据提示支付对应的款项，便可以借助直播推广功能，为快手直播引流了。

051 连麦 PK 引流

连麦，简单理解就是可以和其他直播间进行连线，连线之后还可以进行PK。连线，特别是PK的时候，因为与其他直播间形成了对比，所以直播间中的粉丝会更加积极地参与互动，许多粉丝还会主动赠送礼物。除此之外，如果与你连麦的另一个直播间的用户对你的直播内容感兴趣，也会成为你的用户。而这样一来，你便可以通过连麦PK获得一定的流量了。

各平台的连麦PK操作有所不同。以快手为例，运营者可以通过如下步骤进行连麦PK引流。

步骤 01 运营者开启快手直播之后，点击直播界面中的"连麦对战"按钮，如图6-17所示。

步骤 02 操作完成后，会弹出"连麦对战"列表框。在列表框中点击"推荐"→"邀请"按钮，如图6-18所示。

步骤 03 执行操作后，便可与其他直播间进行连麦。图6-19所示为部分快手直播间的连麦画面。

图 6-17 点击"连麦对战"按钮

图 6-18 点击"推荐"→"邀请"按钮

图 6-19 部分直播间的连麦画面

052 发送红包引流

无论在现实生活中,还是在网络的虚拟世界中,发红包都是一种受欢迎的互动方式。在快手直播间也是可以发红包的,具体操作步骤如下。

带货引流：
多种渠道增加直播流量 第6章

步骤 01 运营者开启快手直播之后，点击直播界面中的"更多"按钮，在弹出的列表框中点击"发红包"按钮，如图 6-20 所示。

步骤 02 操作完成后，弹出"发红包"列表框。在列表框中选择红包的金额，点击"发红包给大家"按钮，如图 6-21 所示。操作完成后，便可以在直播间发送对应金额的红包了。

图 6-20　点击"发红包"按钮

图 6-21　点击"发红包给大家"按钮

053 微信平台引流

微信平台引流主要可以从 3 个方面进行，一是微信聊天引流，二是朋友圈引流，三是公众号引流。下面笔者就来分别进行说明。

1. 微信聊天引流

微信聊天功能既是一个重要的沟通工具，也是一个引流推广的渠道。借助微信聊天功能，运营者可以通过两种方式，为短视频直播引流。一种是利用直播分享功能将直播信息直接发送至微信聊天界面；另一种是将直播的相关信息发送到聊天界面中，直接告知目标用户。

2. 朋友圈引流

对于运营者来说，虽然朋友圈内容的传播范围较小，但是它却具有其他一些平台无法比拟的优势，具体如下。

● 用户黏性强，很多人每天都会去翻阅朋友圈。

- 朋友圈好友间的关联性、互动性强，可信度高。
- 朋友圈用户多、覆盖面广，内容二次传播范围大。
- 朋友圈内转发和分享方便，易于直播信息的传播。

那么，在朋友圈中为短视频直播引流时，该注意什么呢？在笔者看来，有3个方面是需要重点关注的，具体分析如下。

（1）如果运营者分享的是关于直播的视频，要注意开始拍摄时画面的美观性。因为推送到朋友的视频，是不能自主设置封面的，它显示的就是开始拍摄时的画面。当然，运营者也可以通过视频剪辑的方式来选择视频的"封面"。

（2）运营者在朋友圈中分享直播信息时，要做好文字描述。因为用户如果只看到图片或视频，可能难以直观把握重点信息。因此，运营者最好通过文字对分享的内容进行说明，如图6-22所示。这样的设置，一来有助于用户把握重点信息；二来若设置得好，可以吸引用户点击播放视频，从而吸引更多用户及时观看直播。

图6-22 做好重要信息的文字表述

（3）在进行朋友圈引流时，要利用好朋友圈的评论功能。如果朋友圈中的文本字数太多，是会被折叠起来的。为了完整展示信息，运营者可以将重要信息放在评论里进行展示，如图6-23所示。这样就会让浏览朋友圈的人看到推送的有效文本信息，这也是一种比较明智的短视频直播引流方法。

3. 公众号引流

微信公众号，从某一方面来说，就是一个人、一个企业等主体进行信息发布并通过运营来提升知名度和品牌形象的平台。运营者如果要选择一个用户基数大的平台来推广短视频直播信息，且期待通过长期的内容积累构建自己的品牌，那么微信公众平台无疑是一个理想的传播平台。

图 6-23 利用好朋友圈的评论功能

在微信公众号上，运营者可以通过多种方式进行短视频直播的推广。例如，运营者可以在微信公众号简介中对短视频直播的时间和平台等信息进行说明；也可以通过发布微信公众号文章进行直播预告，将要销售的产品进行展示，从而吸引更多用户观看短视频直播，如图 6-24 所示。

图 6-24 通过发布微信公众号文章进行短视频直播引流

054 QQ 平台引流

腾讯 QQ 有两大推广利器，一是 QQ 群；二是 QQ 空间。我们先来看看如何借助 QQ 群做短视频直播引流。

无论是微信群还是 QQ 群，如果没有设置"消息免打扰"的话，任何人在群内发布信息时，群内的其他人都是会收到提示信息的。所以，与朋友圈和微信公众号不同，通过微信群和 QQ 群推广短视频，可以让推广信息直达用户，因此其获得的引流推广效果通常也会比较好。

由于微信群和 QQ 群内的用户都是基于一定目标、兴趣而聚集在一起的，如果运营者推广的是关注度比较高的直播内容，那么可以选择这一类平台。

另外，相对于微信群需要推荐才能加群而言，QQ 明显更易于添加和推广。目前，QQ 群出现了许多热门分类，运营者可以通过查找同类群的方式加入进去，然后再通过发送消息进行短视频直播推广引流。QQ 群推广引流方法主要包括 QQ 群相册、QQ 群公告、QQ 群论坛、QQ 群共享、QQ 群动态和 QQ 群话题等。

例如，利用 QQ 群话题来推广短视频直播时，运营者可以通过相应人群感兴趣的话题来引导 QQ 群用户的注意力。如在摄影群里，可以先提出一个摄影人士普遍感觉比较有难度的摄影场景，引导大家评论，然后运营者再适时分享一个能解决这一摄影问题的短视频直播。这样的话，有兴趣的群成员就一定不会错过直播。

QQ 空间是运营者可以充分利用起来的一个好地方。当然，运营者首先应该建立一个昵称与短视频运营账号相同的 QQ 号，这样更有利于积攒人气，吸引更多 QQ 用户前往观看短视频直播。下面就为大家具体介绍 7 种常见的 QQ 空间推广引流方法，具体如下。

(1) QQ 空间链接推广：运营者可以在 QQ 空间发布直播推广信息并附上直播间链接，这样，QQ 好友看到之后便可以点击链接观看直播。

(2) QQ 认证空间推广：订阅与直播内容相关的人气认证空间，更新动态时可以马上评论，让更多 QQ 用户知道你的直播。

(3) QQ 空间生日栏推广：通过"好友生日"栏提醒好友，引导好友查看你的动态信息，并在动态信息中对直播信息进行介绍。

(4) QQ 空间日志推广：在日志中放入短视频直播的相关资料，能更好地增加用户的关注度。

(5) QQ 空间说说推广：QQ 签名同步更新至说说上，用一句有吸引力的话激起用户对直播的关注。

(6) QQ 空间相册推广：很多人加 QQ 都会查看相册，所以，运营者也可以上传带有短视频直播信息的相片。

(7) QQ空间分享推广：利用分享功能分享短视频直播信息，好友点击标题即可进行查看。

055 微博平台引流

在微博平台上，运营者可以借助微博的两大功能来进行短视频直播推广引流，即"@"功能和"热门话题"功能。

首先，在进行微博推广的过程中，"@"这个功能非常重要。运营者在微博中发布短视频直播消息时，可以"@"知名人士的账号；如果该知名人士回复了你的消息，运营者就能借助他的粉丝扩大自身的影响力。如果知名人士在博文下方评论，则会受到很多粉丝及微博用户的关注，那么短视频直播信息会获得更好的传播和推广。

其次，微博"热门话题"是一个制造热点信息的地方，也是聚集网民数量最多的地方。运营者要利用好这些话题，发表自己的看法和感想，提高博文阅读和浏览量，从而更好地进行短视频直播。图6-25所示为某位运营者在微博中发布的一条抖音短视频直播预告，可以看到其便是在预告信息中添加了多个话题。

图6-25 通过发布微博进行短视频直播引流

056 百度平台引流

作为中国网民经常使用的搜索引擎之一，百度毫无悬念地成为互联网PC端强劲的流量入口。具体来说，抖音运营者借助百度推广引流主要可从百度百科、百度知道和百家号这3个平台切入。接下来，笔者分别对这3个平台进行解读。

1. 百度百科

百科词条是百科营销的主要载体，做好百科词条的编辑对运营者来说至关重要。百科平台的词条信息有多种分类，但对于短视频直播引流推广而言，主要的词条形式包括5种，具体如下。

(1) 行业百科。运营者可以以行业领头人的姿态，参与到行业词条信息的编辑，为想要了解行业信息的用户提供相关行业知识。

(2) 企业百科。运营者所在企业的品牌形象可以通过百科进行表述，部分知名汽车品牌在这方面就做得十分成功。

(3) 特色百科。特色百科涉及的领域十分广阔，例如，名人可以参与自己相关词条的编辑。

(4) 产品百科。产品百科是消费者了解产品信息的重要渠道，能够起到宣传产品，甚至是促进产品使用和产生消费行为的作用。

(5) 人物百科。人物百科就是对知名人士的生平进行介绍，从而让他人更好地了解该人物。

对于知名短视频主播而言，相对比较合适的词条形式无疑便是人物百科。图6-26所示为某知名人士百度百科的相关内容，其采用的便是人物百科的形式。在该百科词条中，将该知名人士进行抖音短视频直播的相关信息进行了介绍。这样一来，用户在看到该词条时，便会知道该知名人士进行了抖音短视频直播。

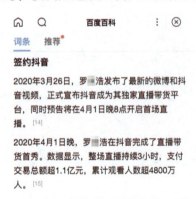

图6-26 某知名人士的人物百科

因为该知名人士的抖音账号简介中展示了直播的时间，所以许多看到该百度词条的用户会关注其抖音短视频直播，这无疑可为其短视频直播带来一定的流量。

2. 百度知道

百度知道在网络营销方面具有很好的信息传播和推广作用，利用百度知道平台，通过问答的社交形式，对运营者快速、精准地定位用户有很大帮助。百度知道在营销推广上具有两大优势：精准度和可信度高。这两种优势能形成口碑效应，对网络营销推广来说显得尤为珍贵。

通过百度知道来询问或作答的用户，通常对问题涉及的东西有很大兴趣。比如，有的用户想要了解"有哪些短视频主播的直播比较有趣"，部分喜欢看短视频直播的用户看到该问题后，可能就会推荐自己喜欢的主播，提问方通常也会接受推荐去看一看对应主播的直播。

百度知道是网络营销的重要方式，因为它的推广效果相对较好，所以通常能为短视频直播带来一定的流量。基于百度知道而产生的问答营销，是一种新型的互联网互动营销方式，问答营销既能为短视频直播植入软性广告，同时也能通过问答将短视频直播信息推广到潜在用户。

图 6-27 所示为百度知道中的某个问答。可以看到，该问题的回答数量超过了 1600 个，也就是说关注这个问题的人是比较多的。而第一个问答中又列出了某个抖音主播的名字，因此，许多百度用户在看到该回答之后，可能会在抖音上查找该主播，甚至是观看该主播的直播。而这样一来，该主播便可借助这个问答直接获得一定的流量。

图 6-27　百度知道中的某个问答

3. 百家号

百家号是百度于 2013 年 12 月份正式推出的一个自媒体平台。运营者入驻百度百家平台后，可以在该平台上发布文章，对短视频直播的信息进行推广，然后平台会根据文章阅读量的多少给予运营者收入；与此同时，百家号还以百度新闻的流量资源作为支撑，能够为运营者的文章带来更多的流量，从而增强引流的效果。

057 今日头条引流

今日头条是一款基于用户数据行为的推荐引擎产品，同时也是内容发布和变现的一个大平台。虽然今日头条在短视频领域布局了 3 款独立产品（西瓜视频、抖音短视频和抖音火山版），但同时也在自身 App 推出了短视频功能。可以说，今日头条从流量、内容和体验 3 个方面打造了一个短视频营销生态圈，具体如下。

(1) 流量：注重创意互动和智能算法。

(2) 内容：精品化，探索细分领域垂直内容。

(3) 体验：支持沉浸式组件和断点播放。

对于短视频直播运营者来说，通过今日头条平台发布直播信息不失为一种不错的引流方式。笔者就来介绍在今日头条发布短视频的具体步骤。

步骤 01 登录今日头条 App，点击右上角的"发布"按钮，在弹出的对话框中点击"发视频"按钮，如图 6-28 所示。

步骤 02 执行操作后，进入短视频选择界面，如图 6-29 所示。选择需要发布的短视频，点击"下一步"按钮。

图 6-28 点击"发视频"按钮　　　　图 6-29 短视频选择界面

步骤 03 执行操作后，进入编辑信息界面，如图 6-30 所示。在界面中编辑相关信息，编辑完成后，点击下方的"发布"按钮。

步骤 04 执行操作后，运营者发布的短视频就会出现在"关注"界面中，如图 6-31 所示。

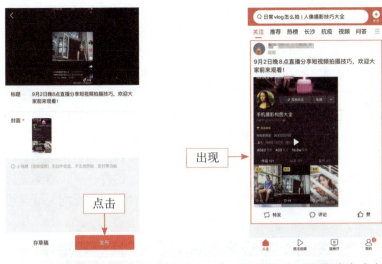

图 6-30 编辑信息界面　　　　图 6-31 视频发布成功

短视频发布成功之后，今日头条用户只需点击短视频，便可以了解短视频账号的相关信息。如果用户对该直播比较感兴趣，便会通过搜索短视频账号等方式及时进入直播间。这样一来，运营者便可借此获得一波流量。

058 视频平台引流

相比于文字和图片，视频在表达上更为直观。随着移动互联网技术的发展，以及人们接收信息习惯的变化，视频成为时下最热门的领域，借助这股东风，爱奇艺、优酷、腾讯视频、搜狐视频等视频网站获得了飞速发展。

随着各种视频平台的兴起与发展，视频营销也随之兴起，并成为广大企业进行网络社交营销常用的一种方法。运营者可以借助视频营销，近距离接触自己的目标群体，将这些目标群体开发为自己的客户。

视频背后庞大的观看群体，对网络营销而言就是潜在的用户群。如何将这些视频平台的用户转化为直播受众和产品购买者，才是视频营销的关键。对于运营者来说，最简单、有效的视频引流方式便是在视频网站上传短视频。

下面就以爱奇艺为例进行说明。爱奇艺是一个以"悦享品质"为理念的、创立于 2010 年的视频网站。在短视频发展得如火如荼之际，爱奇艺也推出了信息流短视频产品和短视频业务，加入了短视频发展领域。

一方面，在爱奇艺 App 的众多频道中，有些频道就是以短视频为主导的，如大家喜欢的资讯、热点和搞笑等。另一方面，它专门推出了爱奇艺纳逗 App。这是一款基于个性化推荐的、以打造有趣和好玩资讯为主的短视频应用。

当然，在社交属性、娱乐属性和资讯属性等方面各有优势的短视频，爱奇艺选择了它的发展方向——娱乐性。无论是爱奇艺 App 的搞笑、热点频道，还是爱奇艺纳逗 App 中推荐的以好玩、有趣为主格调的短视频内容，都能充分地体现出来。

而对于运营者来说，正是因为爱奇艺在某些频道上的短视频业务偏向和专门的短视频 App 开发，让他们找到了借助短视频进行直播推广的平台和渠道。同时，爱奇艺作为我国三大视频网站之一，有着巨大的用户群体和关注度，因而如果以它为平台进行短视频运营推广，通常可以获得不错的效果。

图 6-32 所示为某快手运营者在爱奇艺平台中发布的一条短视频。可以看到，该运营者在短视频的最后展示了快手账号和二维码。这样一来，看到该短视频的用户如果对直播感兴趣，便会及时查看直播。而该运营者的直播间无疑便可借此获得一定的流量。

图 6-32 某快手运营者在爱奇艺上发布的一条短视频

059 音频平台引流

音频内容的传播适用范围更为多样，跑步、开车甚至工作等多种场景，都能在悠闲时收听音频节目。相比视频，音频更能满足人们的碎片化需求。对于运营者来说，利用音频平台来宣传短视频账号和直播，是一条很好的营销思路。

音频营销是一种新兴的营销方式，它主要以音频内容为传播载体，通过音频节目运营品牌、推广产品。随着移动互联的发展，以音频节目为主的网络电台迎来了新机遇，与之对应的音频营销也进一步发展。

下面，笔者就以蜻蜓 FM 为例进行说明。蜻蜓 FM 是一款强大的广播收听应用，用户可以通过它收听国内、海外等地区数千个广播电台。而且"蜻蜓 FM"相比其他音频平台,具有如下功能特点。

(1) 跨地域。连接数据的环境下,可以全球广播自由选。
(2) 免流量。户可以通过硬件 FM 免流量收听本地电台。
(3) 支持点播。新闻、音乐、娱乐和有声读物等自由点播。
(4) 内容回听。不再受直播的限制,错过的内容可以回听。
(5) 节目互动。用户通过蜻蜓 FM 可以与喜欢的主播实时互动。

在蜻蜓 FM 平台上,用户可以直接通过搜索栏寻找自己喜欢的音频节目。因此,运营者只需根据自身短视频直播内容,选择热门关键词作为标题便可将内容传播给目标用户。图 6-33 所示,笔者在蜻蜓 FM 平台搜索"直播带货"关键词后,便出现了多个与之相关的节目。

图 6-33 "蜻蜓 FM"中"直播带货"的搜索结果

运营者应该充分利用用户碎片化需求,通过音频平台来发布短视频直播广告。音频广告的运营成本也比较低廉,因此十分适合本地小主播长期推广短视频直播。

例如,做餐饮的运营者,可以与"美食"相关的音频节目组合作。因为这些节目通常有大批关注美食的用户收听,广告的精准度和效果会非常好。

第 7 章

带货策划：
用直播质量来保障销量

学前提示

为了保证短视频直播的质量，让直播获得更多销量，很有必要做好直播策划。一场短视频直播包含的内容很多，而策划的目的就是为短视频直播做好准备，尽可能地完善直播的内容。

要点展示

- ▶ 策划直播脚本
- ▶ 直播脚本大纲
- ▶ 直播脚本案例
- ▶ 策划活动方案
- ▶ 了解产品卖点
- ▶ 制作优质内容
- ▶ 内容特质营造
- ▶ 做好直播选品
- ▶ 选好带货主播
- ▶ 打造主播人设
- ▶ 直播间的打造

060 策划直播脚本

运营者如果想提高短视频直播的成功率,增强短视频直播的带货效果,那么就很有必要策划直播脚本。也就是在正式开始短视频直播之前,运营者需要策划短视频脚本,做好各方面的策划。那么为什么要策划脚本呢?策划直播脚本有3个方面的目的,如图7-1所示。

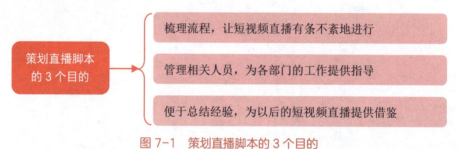

图 7-1 策划直播脚本的3个目的

了解了策划脚本的3个目的之后,接下来,再看一下策划短视频直播脚本的意义和作用,具体如图7-2所示。

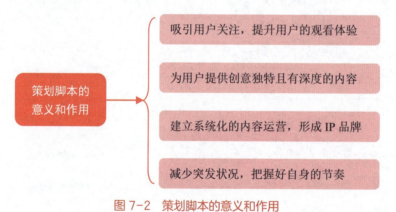

图 7-2 策划脚本的意义和作用

061 直播脚本大纲

短视频直播脚本一般包含9个方面的内容,即目标、类型、简介(主要内容)、人员安排、时间、主题、流程细节、推广分享以及总结。它们的具体内容分别如下。

(1) 目标。

首先明确要达到的目标是什么,这个目标要尽可能具体量化,只有这样才会有方向和动力，比如观看人数、转化率和成交额等。

(2) 类型。

其次就是要确定短视频直播的类型，这个可以根据自己的爱好或者特长来选择适合自己的分类。类型的确定实际上就是锁定目标用户群体，从而更好地形成自己的风格和特色。

(3) 简介。

简介是对核心内容进行提炼和概括，让用户一眼就能明白和了解短视频直播的大概内容。

(4) 人员安排。

短视频直播包含的环节比较多，一个人要完成一场短视频直播是比较困难的。所以这时候就需要组建专门的运营团队，安排人员来协助完成各项工作，这样才能集众人的力量把短视频直播做得更好。

(5) 时间。

确定时间是短视频直播脚本的一个重要组成部分。短视频直播的时间，需要根据相关人员的时间安排来定。毕竟，只有在相关人员都有时间的情况下，才能保证短视频直播的顺利进行。

另外，短视频的直播时间还需要迎合粉丝群体的生活习惯和需求。例如，周一至周五，这段时间绝大部分人白天都在工作或者读书，所以短视频直播最好选择在晚上进行；而星期六或星期天，则下午或者晚上都可以直播。合理的短视频直播时间能够增加直播的观看人数。

确定好时间之后，一定要严格执行，尽量使时间段固定下来，这样才能将策划好的脚本内容落到实处，提高工作的效率。

(6) 主题。

主题本质上就是告诉用户做短视频直播的目的是什么，明确主题能够保证内容的方向不会跑偏。主题可以从不同角度来确定，比如产品的效果展示、功能特色、优惠福利或者方法技巧教程等，需要注意的是主题要足够清晰。

(7) 流程细节。

流程细节就是指所有步骤环节，都有对应的细节和时间节点可以把控。

(8) 推广分享。

短视频直播的推广分享是必不可少的。通过推广分享，可以吸引更多用户观看短视频直播，从而有效地提高短视频直播的热度。

(9) 总结。

短视频直播结束之后，运营者要对整个过程进行回顾，总结经验和教训，发现其中存在的问题和不足，对于好的方法和措施要保留和继承，以此来不断地完善和改进自己的工作。

062 直播脚本案例

前面笔者提到了短视频直播的流程,那么一个完整的短视频直播策划究竟应该有哪些环节和步骤呢?下面笔者以某短视频直播为例,来为大家介绍短视频直播带货的脚本策划模板,帮助大家策划好短视频直播脚本。

1. 直播主题

短视频直播的主题即直播间的标题。该案例中短视频直播的主题为"微胖妹妹夏季显瘦穿搭"。

2. 主播及介绍

此次直播的主播是"微胖女生穿搭",该主播的身份是品牌主理人、时尚博主、模特。

3. 直播时间

2020年9月5日14点到18点。

4. 内容流程

该短视频直播的内容流程一共分为12个环节步骤,具体内容如下。

(1) 前期准备。

短视频直播开始之前的前期准备工作包括:短视频直播宣传、明确目标、人员分工、设备检查和产品梳理等。

(2) 开场预热。

14:00~14:15,先与前来的受众适度互动,并进行自我介绍等。

(3) 品牌介绍。

14:15~14:30,强调关注店铺和预约店铺。

(4) 直播活动介绍。

14:30~15:00,直播福利、简介流程和诱惑性引导。

(5) 产品讲解。

15:00~16:00,从外到内,从宏观到微观,语言生动真实。

(6) 产品测评。

16:00~16:30,从用户的角度360度全方位体验产品。

(7) 产品性观众互动。

16:30~17:00,为用户进行案例讲解、故事分享、疑问解答等。

(8) 试用分享、全方位分析。

17:00~17:15,客观性,有利有弊,切忌夸夸其谈。

(9) 抽取奖品。
17:15~17:30，抽奖互动，穿插用户问答。
(10) 活动总结。
17:30~17:45，再次强调品牌、活动以及自我调性。
(11) 结束语。
17:45~18:00，准备下播，引导关注，预告下次内容和开播时间。
(12) 复盘。
短视频直播结束之后，运营者要对整个过程及时进行复盘，发现问题、调整脚本、优化不足等。

以上就是短视频直播脚本策划的整个流程和步骤。制定一份详细、清晰和可执行的脚本，并且考虑各种突发状况的应对方案，这样才能最大限度地保证短视频直播的顺利进行和达到预期的带货效果。

需要注意的是，短视频直播脚本的内容并不是一成不变的，只有不断地优化和调整短视频直播脚本，才能对直播的操作更加游刃有余。一份出色的脚本是短视频直播取得不错效果的必要条件，可以让你的直播有质的提升和飞越。

063 策划活动方案

当机构和主播确定好直播脚本的方向后，为了使整场直播顺利进行，还需要制定出清晰而明确的活动策划方案。

这样能够便于相关工作人员对活动方案有一个明确的认知，从而更好地判断活动方案的可操作性。在这个部分，运营者需要让所有参与直播的工作人员清楚地了解活动策划要点、类型以及产品的卖点和直播间的节奏，从而确保直播的有序进行。

1. 活动策划要点

脚本策划人员在制作脚本的时候，可以根据实际情况，一次性制作完一周的直播间脚本策划。这样做便于主播、工作人员进行时间安排，同时也能使一周的直播任务上下衔接清楚。而如果临时做脚本策划，很多事情可能没有办法考虑周全。

除此之外，在做直播脚本的时候，可以把活动策划的要点细分到主播在直播间的每个时间段，这样可以让主播更好地把握整场直播的节奏。

2. 活动策划类型

活动策划的类型有以下两种。
(1) 通用、基础活动。
这种活动的力度属于中等程度，常见的活动形式包括新人关注礼物、抢红包、开播福利和下播福利等。图 7-3 所示为直播间设置的新人关注礼物。

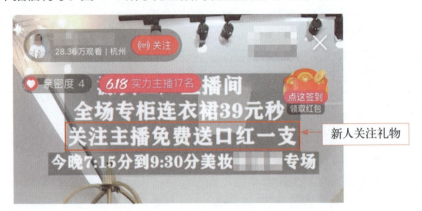

图 7-3 新人关注专项礼物

在直播中，不同的时间段有什么活动，都需要在脚本中明确好，这样主播才能在直播带货时从容地对用户进行引导，增加用户的停留时间，从而提高直播间的流量和销量。

(2) 专享活动。

这种活动的力度比较大，可以设置成定期活动，比如主播固定进行每周一秒杀、周二拍卖等，或其他类型的主题活动。

这种大力度的活动不要求每天都进行，但活动力度一定要大，这样才可以通过话术的引导，快速提高产品的销量。同时，由于这种活动的吸引力度很大，可以促使观众记住这个直播间。图 7-4 所示为直播间的限时秒杀活动。

图 7-4 直播间的限时秒杀活动

3. 产品卖点和直播间的节奏

直播间的商品可以分为爆款、新品、常规款和清仓款这几种类型。主播需要对不同类型的商品进行卖点提炼，同时，要在直播脚本上安排固定的时间段来进行商品推荐和商品讲解步骤。

如果是进行服装类产品的带货，主播需要不断补充相关的服装知识。因为服装流行的款式、风格一直在不断更改、变化，如果主播在开播前不熟悉直播间流程和商品信息，那么在直播过程中很容易出现冷场，而直播的节奏也将变得难以把握。

064 了解产品卖点

产品卖点可以理解成产品优势、产品优点和产品特点，也可以理解为自家产品和别家产品相比有什么独特之处，怎么让用户选择自家的产品，和别家的产品相比，自家产品更具有竞争力和优势的点在哪里。

在销售过程中，用户或多或少地会关注其中的某几个点，并在心理上认同该产品的价值，其中促使用户产生购买行为的，就是产品的核心卖点。

找到卖点，也就是让产品可以被用户接受，并且认可其利益和效用，最后达到产品畅销和建立其品牌形象的目的。在此过程中，有两个关键点：一是要找到产品的卖点，二是结合卖点制作带货话术，通过话术引导销售。因此，对于主播来说，找到产品或服务的卖点，通过带货话术将卖点传递给用户是非常重要的。

主播在直播间进行带货时，要想让自己销售的产品有不错的成交率，就需要满足目标受众的需求，而满足目标受众的需求是通过挖掘卖点并根据卖点推荐产品来实现的。如果产品虽然可以满足目标受众的需求，但与其他产品对比体现不出优势，那卖点也就不能称之为卖点了。

1. 产品风格

以服装短视频直播带货为例，主播可以根据款式的风格，设计出一些新颖的宣传词，从而吸引用户的注意力。例如，麻混纺衬衫式连衣裙既可以作为外套披搭，也适合打造清爽舒适的日常穿搭；麻混纺半开领上衣，斯文休闲两相宜，是一种很好做搭配的半开领上衣。合适和恰当的宣传词，可以激发用户的好奇心，让用户向往宣传词中营造的服装效果，从而促使用户下单购买产品。

2. 产品质量

产品质量是影响用户满意度的重要因素。大部分人在选择购买产品时，都会考虑产品的质量。对于大多数人来说，质量的好坏，决定了他是否下单，以及是否愿意再次购买。

随着流水线生产模式的大规模发展,产品的质量无法得到百分百的保证,导致部分商品的质量欠佳。例如,部分服饰会出现褪色、起球等影响服装穿着效果以及穿着时长的问题,化妆品会出现假冒产品、损伤皮肤和含有添加剂等问题,这使得消费者对于产品的质量问题特别关注。

同时,随着社会的不断发展,人们的经济收入增多、消费能力增强、消费需求发生变化,对产品开始追求质感,于是现代人对于质量有了另一种要求。

例如,对于服装,用户除了关注其实用性和耐用性外,还会考虑服装能不能让自己穿得自在和舒适。为此,很多服装品牌和商家在展现产品的卖点时,会对产品的质量进行展示。

所以,主播在挖掘服装卖点时,可以尽情地向用户展示服装的质量情况。例如,这款衬衫可以体现穿着者的优雅气质,而且衬衫不易起皱,不用费时打理;这款裙子质地轻薄,非常轻盈,特意搭配内衬,不易走光。

在美妆产品上,可以挖掘产品的使用感,例如粉底液,主播可以推崇其妆感自然,具有"奶油肌"的妆面效果,并且超长带妆、24小时不脱妆等。

3. 流行趋势

流行趋势就代表着有一群人在追随这种趋势。主播在挖掘产品的卖点时,可以结合当前流行趋势来找到产品的卖点,并根据该趋势制定话术,这也一直是各商家惯用的营销手法。

例如,近年来流行 bm 的穿衣风格,其标志性的穿搭为比较短、紧的上衣。因此,各大电商的服装直播以及线下的实体店铺的直播,服装类型也多为修身的短款上衣。

例如,当市面上大规模流行莫兰迪色系的时候,在服装的宣传上就可以标注莫兰迪色标签去吸引消费者的关注;当夏天快要来临时,女性想展现自己性感身材时,主播就可以推荐"一字肩款式的服装",并突出其"能够展示好身材"的卖点,引导用户进行购买。

4. 明星同款

大众对于明星的一举一动都非常关注,他们希望可以靠近明星的生活,获得心理的满足。这时,明星同款就成为非常好的一个服装宣传卖点。

名人效应早已在生活中的各方面产生了影响,例如,选用明星代言广告,可以刺激大众消费;明星参与公益活动项目,可以带领更多的人去了解、参与公益。名人效应就是一种品牌效应,它可以带动人群。

主播只要结合销售话术和利用名人效应来营造、突出产品的卖点,就可以吸引用户的注意力,让他们产生购买的欲望。

5. 原创设计

知名设计师所设计的产品，每一次面世都能吸引大家的目光。对于大众来说，知名设计师所设计的产品，在一定程度上就代表着流行、经典和出色。除此之外，也代表着设计师的一种人生态度和人生经历。

消费者出于对设计师个人的崇拜、追随以及信任，往往会去购买，甚至去抢购产品。所以，如果某款产品是原创款，或者说设计师同款，主播就可以重点突出其原创性。图 7-5 所示为某原创品牌的直播，可以看到直播中展示的产品都带有品牌 LOGO，所以其卖点就是产品的原创性。

图 7-5　将原创设计作为卖点的短视频直播

6. 消费人群

不同的消费人群对于服装的关注、需求点不同，主播在面对这种情况时，就需要有针对性地突出服装的卖点，从而满足不同用户群体的需求。

例如，关于裙装，对于成人服装款式来说，需要在卖点上突出服装的美观性、多功能性；而对于童装服饰，它的设计和风格就要突出可爱，卖点宣传上会偏向于服装的实用性和舒适性。

7. 出色细节

主播在进行直播销售时，可以着重展示产品上比较出色的设计部位，这种细节往往可以吸引消费者的目光，打动消费者的心，使他们产生购买欲望。

以服装类产品为例，由于服装穿在身上，很难把服装的细节特色展现出来，这时就可以通过拍摄照片对服装的细节之处进行醒目的展示。这能让消费者看到产品的特色和新颖感，同时让追求细节的消费者看到想要的细节展示。

　　另外，如果主播发现服装的某个设计特别好，想要将其展现给屏幕前的粉丝，吸引他们的注意力；或者有粉丝提出，想看主播身上服装的某个细节部位。这时，为了激发粉丝的购买欲望，满足用户提出的需求，主播就可以采取直接靠近镜头的方式，把服装的特色设计展现出来，以此形成卖点。图7-6所示为主播在直播中贴近镜头展示产品细节。

 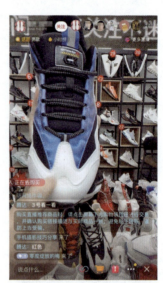

图 7-6　主播贴近镜头展示细节

065　制作优质内容

　　优质的直播内容更能吸引用户的持续关注，让用户更愿意下单购买产品。该如何打造优质的短直播内容呢？这一节，笔者就来重点介绍优质内容的制作方法。

1. 封面设计

　　短视频和直播多到难以计量，怎么样才能在众多短视频和直播中脱颖而出呢？笔者认为，运营者首先要做的就是设计好封面。

　　外表的包装总是能影响人的第一印象，美的事物总是更能抓人眼球，人们对于美的事物都更具有好感，因此好看的短视频直播封面更能吸引用户来点击查看内容。那么，什么样的短视频直播封面更能吸引人呢？下面，笔者就来介绍一些常见的短视频直播封面类型。

第一种为自拍或者个人写真。这样的封面一般适合秀场主播、美妆主播，或者是知名度、辨识度比较高的主播。这种类型的短视频直播封面图可以让用户在看到封面之后，便被封面中的人物吸引，进而点击查看短视频直播内容。

第二种是游戏、动漫人物的画面或海报。这种封面比较适合与游戏、动漫相关的短视频直播。如果用户对相关游戏和动漫感兴趣，看到封面之后，就会想点击查看短视频直播内容。

第三种是要展示或销售的产品。如果你的短视频直播是要销售某种产品，而该产品的外观又比较好看，便可借助其外观先吸引一部分用户的目光。

2. 内容包装

除了封面之外，短视频直播的内容包装也很重要。以娱乐型的带货直播为例，直播间的流程安排会影响用户的体验感。传统的娱乐直播主要是主播进行才艺展示，新颖的直播方式包括了云 Live 直播的形式。

例如，抖音平台的 DOULive 系列活动，将现场的 Live 活动搬至线上，更好地表现出音乐现场的氛围。在进行直播时，可以选择传统的形式，也可以选择新颖的方式，但云 Live 的形式通常邀请的是专业的明星艺人。

MCN 机构会对主播进行、培训，帮助主播进行个人包装。如果是个人主播，在进行直播之前，需事计划好直播的时长；在进行直播带货时，主播还可以进行互动抽奖环节。此外，直播中播放的歌单、直播的妆容和聊天的话题等都十分重要。

(1) 直播歌单。

歌曲可以侧重选择时下年轻人喜好的音乐，例如节奏轻快、易于哼唱的中文歌或者节奏感强的英文歌等。主播可以在直播前先整理一个歌单，等直播时再依次进行播放。

(2) 直播妆容。

直播妆容可以根据主播的风格而定，性感或者可爱是秀场主播常见的风格。主播通常还会选择相应的服饰进行搭配，或者佩戴相应的头饰。可爱型的主播可以选择双马尾，以及可爱少女的服饰；性感风格的主播则可以将头发放置一侧。

(3) 直播话题。

许多新人主播可能会面临直播间没有话题可聊的问题，这个问题要怎么解决呢？接下来，笔者就来分享一些方法。

- 讲述故事。从出生开始我们就接触童话故事，因此讲述故事能够很好地调节直播间的氛围。细节往往是故事最生动、最打动人的地方，因此在讲述故事时，主播可以利用故事中的细节打动用户。
- 联想聊天。联想聊天主要是通过一些话语中的关键字眼进行事情联想，例如利用用户在直播间发的弹幕，选择合适的词语进行联想，进而产生话题。
- 偶尔可以利用"冷读术"（指在没有准备的情况下，如第一次见面时，就能看透别人的心思，从而更好地进行交流），例如在进行连麦聊天或者跟用户互动时便可以运用这种方法。也可以进行开放式的提问交流，加强用户的参与感。

3. 突出重点

无论是进行什么样的短视频或直播，都需要有侧重点。例如绘画类的直播，侧重的就是绘画技巧以及绘画教程；游戏直播的重点就是进行游戏；在游戏直播中，也有娱乐型主播，这类主播主要借助游戏来进行娱乐直播，娱乐为主，游戏为辅；而带货直播的重点就是展示产品，将产品的优势告知用户，从而引导用户购买产品。

4. 创新内容

创意不但是营销中的一个重要元素，同时也是短视频直播内容必不可少的"营养剂"。主播如果想通过短视频直播来打造自己或品牌的知名度，就需要懂得"创意是王道"的重要性，在注重内容质量的基础上发挥自己的创意。

一个拥有独特创意内容的短视频直播，能够帮助主播吸引更多的用户。创意可以表现在很多方面，新鲜有趣只是其中的一种，还可以是贴近生活、关注社会热点话题、引发思考、蕴含生活哲理、包含科技知识和关注人文情怀等。

▶ 066 内容特质营造

内容永远是用户关注的重点之一。运营者如果能够提供优质短视频直播内容，就能吸引更多用户和流量。那么，什么才是优质的短视频直播内容呢？笔者认为，优质的短视频直播内容通常需要从以下两个特质体现差异性。

1. 情感特质

加入情感特质容易引起人们的情感共鸣，能够唤起人们心中相同的情感经历，并得到广泛认可。主播如果能利用这种特殊的情感属性，那么将会得到更多用户的追捧和认同。

运营者可以在标题中加入表达情感的词汇，并在直播时利用感情让用户产生共情。例如，主播可以通过介绍自己的经历，拉近与用户之间的距离。这种情感融入不仅能让用户产生共鸣，还会增加彼此的亲近程度以及信任程度。

2. 粉丝特质

"粉丝"这个名词，相信大家都不会陌生，那么"粉丝经济"呢？作为互联网营销中的一个热门词语，它向我们展示了粉丝支撑起来的强大IP营销力量。用好"粉丝经济"不仅能增强运营者影响力和推广力，还能将粉丝的力量转变为实实在在的购买力,增强直播的变现能力。

067 做好直播选品

只要产品对于用户来说是有用处的,那么产品就具备了销售火爆的条件。而许多短视频直播中的产品之所以销量平平,主要就是运营者没有做好选品,或者说没有找到合适的销售策略。

在笔者看来,市面上的产品大致可以分为引流款、畅销款、利润款和特色款,每种类型的产品对应的带货策略都有所不同。接下来,笔者就分别进行说明。

1. 引流款

引流款,顾名思义,就是用来吸引流量的款式。这一类产品的主要作用就是吸引流量,为直播造势。因此,引流款产品的价格一定要对用户有吸引力,让用户看到价格之后就觉得物超所值。对此,短视频直播运营者在选品时,可以选择一些生产成本低的产品,或者通过限量补贴销售的方式,在直播间设置引流款。

图 7-7 所示为某电商平台上的部分产品。可以看到,这些产品的价格都比较低,用户看到价格之后甚至都会觉得有些不可思议,感觉生产成本可能都比标价要高。毫无疑问,这些产品便适合作为引流款来进行短视频直播销售。

图 7-7 适合作为引流款销售的产品

2. 畅销款

畅销款就是销售量高、受用户欢迎的产品。通常来说,畅销款就是用户普遍需求的产品。在直播的过程中,品牌方和商家可以多提供一些畅销款,用户如果觉得产品比较实惠,并且购买便利,可能就会下单购买。

图7-8所示为某电商平台上的部分食品,这些食品的销量都超过了10万。因此,这些产品的用户需求量大,是比较适合作为畅销款进行短视频直播销售的。

图7-8 适合作为畅销款进行销售的产品

3. 利润款

利润款就是能够获得比较可观的收入的产品。这类产品通常具有比较大的利润空间,只要销量上去了,其一场短视频直播下来的销售额就会相当可观。对于利润款,运营者可以适当降低价格,通过压薄利润来获取更多的销量,让产品的价格更具有吸引力。

4. 特色款

特色款就是具有一定特色的、甚至是其他地方没有的产品。比较常见的特色款就是一些品牌的原创产品,这些产品往往带有品牌的特色,其他品牌难以进行模仿。特色款之所以能够吸引用户,就在于其自身的独特性。因此,要想将一种产品打造成特色款,就应该让产品变得足够特别。

图7-9所示为某产品的销售界面。该产品为某品牌的原创产品,且图案的制作运用了刺绣工艺。因此,该款产品在用户看来就是比较具有特色的,它可以作为

特色款进行直播销售。

当然，一款产品要想在保证质量的同时打造出特色，就需要花费更多的成本，这就意味着产品的价格可能不会低。但是，品牌方和商家还是可以适当控制价格的，让用户觉得你的货更值得买。

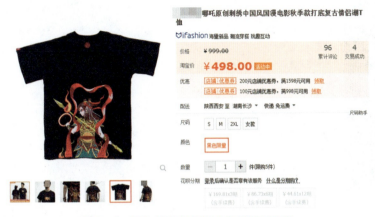

图 7-9　适合作为特色款进行销售的产品

068　选好带货主播

即便是同样的产品，不同的主播，一场短视频直播的销售量可能也会呈现出较大的差别。因此，如果品牌方和商家想提高直播的产品销量，就应该为产品找到最合适的带货主播。

那么，如何为产品找到最合适的带货主播呢？笔者认为，首先要保证产品和带货主播的定位是贴合的，也就是说选择的主播要适合卖你的产品。举个简单的例子，如果品牌方和商家需要进行带货的是化妆品，那么选择美妆类主播相对来说是比较合适的。如果你选择的是销售生鲜类产品的主播，产品的销量可能就难以得到保障。

其次，选择的主播要有足够多的粉丝，要确保开直播之后，能够吸引足够多的流量，从而让产品的销量更有保障。这一点很好理解，一个粉丝上百万的主播往往会比一个新主播获得的流量多。

其实，要为产品找到合适的带货主播，还有一种更方便的方法，那就是查看直播带货的相关榜单，根据榜单排名进行选择。图 7-10 所示为飞瓜数据抖音版的后台，品牌方和商家可以点击"直播分析"→"直播达人榜"按钮。操作完成后，便可以查看抖音直播达人的排行情况。

除了与具体的达人合作之外,品牌方和商家可以与直播机构进行合作,将产品放到某个直播间进行销售。对此,品牌方和商家可以在飞瓜数据抖音版的后台中点击"直播分析"→"直播间带货排行"按钮,查看直播间带货的排行情况,并从中选择合适的直播间进行合作,如图7-11所示。

图7-10　查看抖音直播达人的排行情况

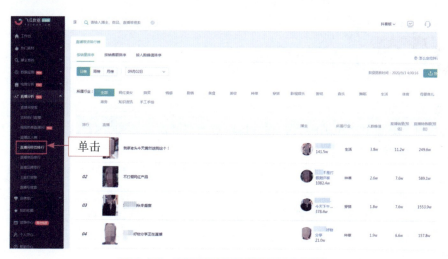

图7-11　查看抖音直播间带货排行情况

069　打造主播人设

"人设"一词最开始是出现在动漫、漫画和影视中的专业词汇,它主要是指给特定的对象设定其人物性格、外在形象和造型特征等。现在,"人设"有了更广的使用范围,它不再只是单纯地用在动漫、漫画上面,而是开始出现在现实生活中的方方面面。

人设的作用和功能也开始显现，在娱乐圈中，人设已经是一种最常见的包装、营销手段，许多艺人都贴上某一种或多种人设标签。例如，某些明星的"高情商""温柔"人设等。

这些和实际情况相符合的人设，让艺人们更具有识别度和认知度，能够不断地加深他们的形象风格，扩大他们的影响力。当然，演艺圈里更多的还是根据用户的需要，主动去贴合观众和粉丝的喜好，从而创造出某种人设。这是因为艺人们可以通过创造人设，丰富自己的形象，让观众对其产生深刻的印象，从而保证自己拥有一定的流量。

而短视频直播主播们，在某种程度上也和明星艺人有着一些相似之处，他们都是粉丝簇拥的公众人物，都需要粉丝的关注和追随，以便更好地展现出自己的形象，增强自己的影响力。

这也表明，想要在直播行业中发展得更好，主播也是需要树立自己的"人设"的。因为只有通过准确的人物形象设定，主播才能被用户发现和了解，从众多直播主播里脱颖而出。

和那些有自己的人设标签的主播相比，一些没有树立起鲜明人物形象的主播就会显得缺乏记忆点。这就是为什么在直播间里，能创造出高价销售额的主播不止一个，但是大家能说出名字的，却往往只有几个比较有特色的。

大家已经初步认识到，人设的力量是无穷的，人设的影响力也是无形的。所以，主播需要明白，在直播过程中树立好自己的人设，在后续的吸粉、引流中是有着重要作用的。只有学会运用人设去抓住粉丝的目光，让用户对你的直播感兴趣，才能在直播的道路上迈向成功。接下来，笔者就对人设的相关内容进行解读。

▶ 1. 人设的作用

通过依靠设定好的人物性格、特征，也就是"卖人设"，可以迅速吸引更多的潜在用户来关注你。毕竟通过塑造出迎合大众的人设，把自己的人设形象维持住，就能为主播带来一定的收益。

就像在娱乐圈中，明星艺人没有人设，是很难在圈子里游走的。几乎所有人都在积极地塑造自己的人设，当大家提到某一个明星的时候，总会在脑海里出现部分对应的人设标签。

甚至，越来越多的品牌也开始不断地树立、巩固和提升自身的形象，给品牌贴上标签，这不仅仅使品牌的知名度大幅度增长，勾起无数粉丝的购买欲望，并且还能让粉丝自发地去对品牌进行二次传播和推广。

例如，小米的"高性价比"标签、江小白的"文艺青年江小白"标签，都给品牌聚集了一大批粉丝来产生购物消费行为。

明星艺人和品牌打造这些人设标签的最终目的，就是希望观众可以对他们产生更具体的印象，让用户对他们的产品更加有记忆点，以此获得更多的关注度。

总而言之，不管是人物的"人设"，还是品牌的"人设"（品牌的标签），其打造的原因和目的都是一样的，对于主播来说也是如此，拥有鲜明的人设，就可以最大化地展示主播的个人形象。

2. 人设的经营

对于主播来说，不仅要确定好自己的人设，更要学会去经营人设，这样才可以让自身树立的人设达到广泛的传播效果，达到自己想要的目的。

人设的经营是一项需要用心去做的事情，只有这样才能使自己的人设成功树立起来。具体来说，主播可以从4个方面做好人设的经营，具体如下。

（1）选择符合本身性格、气质的人设。

主播最好还是根据自己的实际情况来挑选和塑造人设，这样才能起到较好的传播效果。如果人设和自身的真实性格差别较大，很容易导致传播效果出现偏离。此外，树立的人设和自己的性格如果相差太大，也容易出现人设崩塌的情况。

（2）根据自身人设采取实际行动。

实际的行动永远比口头上说一百次的效果有力得多，向外界树立起自己的"人设"后，主播要根据自身人设采取实际行动，这样才会有信任度，这也是人设经营中的基础和关键之处。

（3）根据他人的反馈及时调整人设。

人设传播最直接的体现就在于，他人对于某人设的反馈情况，所以主播可以了解身边的工作人员和朋友对自身人设的反映。这样主播可以及时对自身的人设进行合理的改进和调整，尤其是可以与时俱进地调整人设，使它更加符合大众想看到的模样。

（4）开发、树立多方面的人设。

单一的人设虽然安全，在经营上比较轻松，但是这可能会使得人物形象过于单调、片面。毕竟人的性格本身就是多样化的，开发、树立多面人设，可以让人物的形象更加饱满，使主播的形象更有真实感。此外，不同的人设，可以吸引到不同属性的用户，也可以满足用户的好奇心和探究欲。

这种多方面的人设，有利于增加自身形象的深度，也能维护用户对主播形象的新鲜感。但是，需要注意的是，主播在树立多种人设时，这些人设的风格、类型最好不要相差太大，否则人设和人设之间就会显得自相矛盾。

3. 人设的影响

"第一印象"这个词语大家都不陌生，大家常常会说起的话就是：当时对谁谁的第一印象怎么样，后来发现怎么样。在一些成语里，"第一印象"就起着关键作用，例如"一见如故""一见钟情"，它们都是在"第一印象"的作用下产生的一系列行为和心理反应。

在主播的人设运营中,"第一印象"自然也就有着重要的作用,这是非常重要的一点。下面将向各位读者介绍一下关于"第一印象"的知识,从而帮助主播树立起良好的个人形象。

第一印象是能够人为经营和设计的。这表示,主播可以通过人为制定自己的内外形象、风格,重新改变自己给他人带来的第一印象,从而塑造出成功的人设形象。第一印象的形成,对于之后在直播交流中获得的信息有着一定程度的固定作用。这是因为人们总是愿意以第一印象作为基础、背景,然后在这个基础上,去看待、判断之后接收的一系列信息,这种行为会让人产生固定的印象。

例如,因为某明星在电视剧里塑造的白娘子角色,所以在很多人心里,她永远都是温柔、典雅和善良的形象;而通过《还珠格格》一炮而红的演员,即便是到2020年,大部分人对于他们的形象都还保持着固定的感受和记忆。

4. 独特人设的打造

大众对于陌生人的初次印象往往是不够突出、具体的,而且还存在一定的差异性。大部分人对陌生人的印象,基本处于一个模糊的状态。

其实,个人所表现出的形象、气质,完全可以通过人设的经营来进行改变。例如,可以通过改变人物的发型,塑造出和原先不同的视觉效果,使人产生新的人物形象记忆,从而利于人设的改变。

在人际交往之中,通过利用主观和客观的信息来塑造人设,从而达到预期的传播效果,是人设经营的根本目的。人设经营,可以说是在他人看法、态度和意见的总结之上进行不断调整和改进的。

学会打造出独特的人设,可以使主播拥有与众不同的新颖点,在短视频直播平台中脱颖而出。此外,对外输出效果的好坏,会直接决定人设经营是否成功。下面笔者就来介绍打造独特人设的基本方法。

(1) 确定类型:选择合适的人设。

确定自己的人设类型是否合适和恰当,关键需要考虑的方向,就是是否满足自身所面向的群体的需求,因为人设的塑造,最直接的目的就是吸引目标群体的关注。

人设可以迎合用户的移情心理,从而增强受众群体对其人设的认同感,这样才可以让用户愿意去了解和关注主播。所以,在人设塑造过程中,确定好人设的类型是一个关键。对于主播来说,确定合适的人设可以快速引起用户的兴趣,刺激用户持续关注短视频直播内容。

需要格外注意的是,主播在塑造自己的人设时,最好以自身的性格为核心,再向四周深化,这样便于之后的人设经营,同时也能增加粉丝对于人设的信任度。确定好人设类型后,主播需要考虑一下自己的"人设"是否独特别致。

对于想从事直播销售的新人主播来说,前面已经有一批成熟的销售主播,这时想要从中脱颖而出，是需要耗费一定的精力和时间。

新人主播可以考虑从那些还没有人使用的人设类型中，找到最适合自己人设的标签，继而创造出自己独一无二的人设。虽然这种人设难以找到，但是对于新人主播来说，完全可以利用这种鲜明独特的人设，树立起自己的形象。

(2) 对标红人：找到精准的人设。

人格魅力的产生，很大程度上是源于粉丝对主播的外貌、穿衣打扮的一个固有形象的印象，以及主播在直播间表现的性格。一个精准的人设，可以最大化地拓展粉丝受众面，吸引到感兴趣的粉丝。

精准的人设，就是可以让用户凭借一句话，想到具体的人物。而主播要做的就是通过精准的人设，让自己成为这类人设标签里的红人。

(3) 设定标签：增加直播搜索度。

一个人一旦有了一定的影响力，就会被所关注的人在身上贴上一些标签，这些标签就可以组合成一个虚拟的"人"。当提到某个标签时，许多人可能会想到一些东西，这并非只是想到一个单纯的名字，而是某人带给他的印象或标签，比如严谨、活泼、可爱和高冷等标签。

主播也可以试着把这些人设标签体现在主播名称和直播标题中。这样，一旦有人在直播搜索栏中搜索相关的标签，都有可能搜索到自己。图 7-12 所示为在 B 站短视频直播中搜索"可爱"的结果。

图 7-12　在 B 站短视频直播中搜索"可爱"的结果

▶ 070 直播间的打造

俗话说："工欲善其事，必先利其器。"主播要想打造专业的直播间，增加短视频直播内容的观赏性，除了展示自身的才艺和特长外，还需要有各种硬件设备的支持，包括镜头的选择、灯光效果的调试、背景的设置，以及网络环境的搭建等。本节笔者主要介绍直播间的设备准备以及环境的搭建，帮助新人主播打造一个完美的直播间。

1. 直播的摄像头选择

镜头，相当于人的眼睛。通过镜头来记录直播视频，就相当于用眼睛在看，眼睛的状态如何，会影响物体的呈现效果。所以镜头也一样，不同的镜头类型、款式也会直接影响到直播视频的呈现效果。

对于普通主播来说，完全可以通过手机自带的摄像头进行直播。如果主播想让直播画面的呈现效果更好，可以采用一台手机加一个外置镜头的搭配方式来补充手机镜头自身的局限性，满足自己对于拍摄技术的要求。

不同类型的镜头，可以满足不同的直播效果。通过镜头的搭配，可以使拍摄出来的像素变高，呈现更好的拍摄画面。因此，许多主播都会选择购买外置镜头来进行短视频直播。现在市场上的镜头，按照功能大致可以分为鱼眼镜头、广角镜头、微距镜头和长焦镜头 4 类。

(1) 鱼眼镜头。

鱼眼镜头是一种视角接近或等于 180°的手机辅助镜头，可以说是一种极端的广角镜头。由于摄影镜头的前镜片直径短又呈抛物状，镜头前部往外凸出，很像鱼的眼睛，所以称为"鱼眼镜头"。

鱼眼镜头下的景象与人们眼中真实世界的景象存在较大的差异。我们在现实生活中看见的景物是形态固定的、有规则的，而鱼眼镜头产生的画面效果则会超出这一范畴。鱼眼镜头拍摄的画面中，中心的景物不变，其他本应水平或垂直的景物却会发生一些变化，这可以让画面产生强烈的视觉效果。

(2) 广角镜头。

广角镜头的特点是镜头视角大、视野宽阔和景深长，能强调画面的透视效果。广角镜头在某一视点观察的景物范围，比人眼在同一视角看到的景物范围会广很多。这种镜头的拍摄效果在日常生活中很常见，在拍摄合影的时候，可以把所有人都拍摄下来；日常自拍的时候，可以俯拍小 V 脸、仰拍大长腿；还能体现建筑的宏伟大气等。

广角镜头已经不再只是专业摄像中的一种设备，现在越来越多的手机摄影爱好者也开始通过增加广角镜头来满足日常的拍照需求。

(3) 微距镜头。

微距镜头从字面上就可以理解，此类镜头可以拍摄非常细微的物体，其常用作微距摄影，一般拍摄自然景物的时候使用得比较多，比如鲜花、昆虫等。图 7-13 所示为用微距镜头拍摄的蜻蜓。

图 7-13　用微距镜头拍摄的蜻蜓

(4) 长焦镜头。

长焦镜头，可以简单地理解为给镜头增加了一个望远镜，使其能拍摄到距离较远的景物。长焦镜头可以根据自己的实际需求去更换镜头的倍数，例如 10 倍长焦、20 倍长焦等。

以上这 4 种镜头类型，在日常直播拍摄时，主播可以根据自己想要得到的效果进行选择和使用。

另外，摄像头的功能参数直接决定了直播画面的清晰度，影响到短视频直播的效果和用户的观看体验。那么，该如何选择一款合适的摄像头呢？在选择摄像头时，我们主要考虑两个因素，具体内容如下。

- 摄像头的功能参数。参数越高，其所输出的视频分辨率也就越高，呈现的视频画质也就越清晰。
- 摄像头的价格。对于大多数普通人来说，购买任何东西都是要有预算的，这时产品的性价比显得尤为重要，因为谁都想花最少的钱体验更好的产品。

2. 直播间的灯光效果

了解摄像头之后，接下来笔者给大家分享如何打造一个漂亮的短视频直播环境。而说到直播环境，就不得不提到直播间灯光效果设置，这是打造短视频直播环境的重中之重，因为灯光的设置会直接影响到主播的外在形象。

摄影是用光的艺术，短视频直播也是如此。为什么有的主播看上去明亮耀眼，而有的则是黯淡无光呢？这主要是灯光所造成的不同效果。直播间的灯光类型主要分为5种，其作用如图7-14所示。

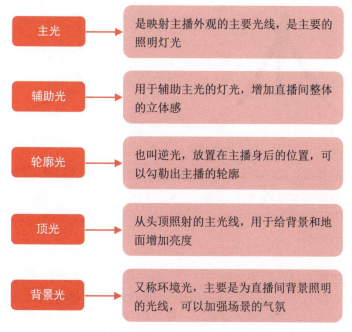

图 7-14　直播间的灯光类型及其作用

了解了直播间的5种灯光类型之后，接下来笔者就详细讲解每种灯光的设置和摆放，用不同的角度和不同的灯光搭配制造出不同的环境效果。

(1) 主光。

主光灯须放在主播的正面位置，且与摄像头镜头光轴的夹角不超过15°。这样做能让照射的光线充足而均匀，使主播的脸部看起来很柔和，从而起到磨皮美白的美颜效果。但是这种灯光设置也略有不足之处，那就是没有阴影效果，会使画面看上去缺乏层次感。

(2) 辅助光。

辅助光宜从主播的左右两侧与主光成90°夹角摆放。当然，还有一种更好的设置方法，可以将辅助光放置在主播左前方45°或右后方45°进行照射。这样做可以使主播的面部轮廓产生阴影，并产生强烈的色彩反差，有利于打造主播外观的立体质感。但需要注意的是，灯光对比度的调节要适度，防止面部过度曝光或部分地方太暗的情况发生。

例如，在遇到光线不太好或者想改变光线色调时，部分主播便会使用补光灯制造辅助光。图7-15所示为补光灯的常见样式。

图 7-15 补光灯

(3) 轮廓光。

轮廓光要放置在主播的后面,以便形成逆光的效果,这样做不仅能够让主播轮廓分明,还可以突出主播的主体效果。在使用轮廓光的时候,必须注意把握光线亮度的调节,因为光线亮度太大可能会导致主播这个主体过于黑暗,同时摄像头入光也会产生耀光的情况。

(4) 顶光。

顶光是从主播头顶照射下来的主光线,其作用在于给背景和地面增加亮度,从而产生厚重的投影效果,这样有利于塑造轮廓的造型,起到瘦脸的功效。但要注意,顶光的位置离主播的位置尽量不要超过两米,而且这种灯光也有小缺点,那就是容易使眼睛和鼻子的下方造成阴影,影响美观。

(5) 背景光。

背景光的作用是烘托主体,为主播的周围环境和背景进行照明,营造各种环境气氛和光线效果。但是在布置的过程中需要注意,由于背景光的灯光效果是均匀的,所以应该采取低亮度、多数量的方法进行布置。

以上 5 种灯光效果的设置是打造直播环境必不可少的设备,每种灯光都有各自的优势和不足,主播需要进行不同的灯光组合来取长补短。灯光效果的调试是一个比较漫长的过程,需要耐心才能找到适合自己的灯光效果。

除了了解灯光类型之外,运营者还需要了解灯光的布局方案。灯光位置的摆放对于直播的呈现效果也非常关键。由于直播间的场地一般不会太大,所以建议采取以下两种方式来进行灯光的位置布局,如图 7-16 所示。

灯光布局方案
- 悬挂灯光方案:适用直播间高度 3 米以上、预算充足的直播商家
- 便携套灯方案:便携套灯适合多种场合,所需要的费用比较低

图 7-16 灯光布局方案

- 悬挂灯光：悬挂系统灯光一般常见于新闻直播间和综艺节目录影棚里。它可以通过合理搭配主光、轮廓光、背景光、聚光灯和脸部光线，使人物形象立体，同时画质会更加清晰。不仅如此，悬挂灯光还可以最大限度地利用场地，人物改变位置也能保证光线充足。
- 便携套灯：便携套灯相对于悬挂系统灯光来说更加便于携带，适合多种场合使用，所需费用也比较低，适合坐播或者站播这种运动范围小的场景。需要外出直播时，携带也非常方便，因为它可以通过拉杆箱随意进行移动。直播便携套灯的样式如图 7-17 所示。

图 7-17　直播便携套灯

3. 直播间的声卡选购

短视频直播实际上是一种视频和音频的输出，视频的输出靠的是高清的摄像头，而音频的输出得靠声卡和麦克风，这三种东西是短视频直播设备的核心硬件。所以，不光要选择一个好的摄像头，选择一款好的声卡也尤为重要。声卡主要分为内置声卡和外置声卡两种类型，下面笔者将对这两种声卡类型分别进行详细介绍。

(1) 内置声卡。

内置声卡，顾名思义就是集成在台式电脑或笔记本主板上的声卡。现在我们新买的电脑都会预装内置声卡，只需要安装对应的声卡驱动就能使其正常运行。

(2) 外置声卡。

外置声卡需要通过 USB 接口和数据线连接在笔记本或台式电脑上，然后安装单独的驱动（有些外置声卡插入即可使用），最后将内置声卡禁用，选择新安装的外置声卡为默认播放设备即可。

内置声卡和外置声卡的区别还是比较大的，接下来笔者将从 3 个方面来讲述它们之间的区别，如图 7-18 所示。

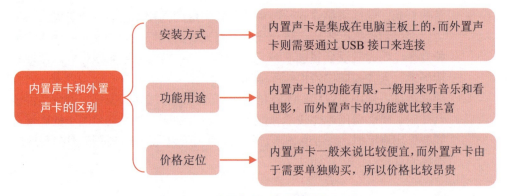

图 7-18 内置声卡和外置声卡的区别

下面展示一下内置声卡和外置声卡的产品外观。图 7-19 所示为内置声卡的产品样式；图 7-20 所示为外置声卡的产品样式。

图 7-19 内置声卡　　　　　　　　　图 7-20 外置声卡

和摄像头的选择一样，声卡的选购同样也要考虑其性价比。当然，如果预算充足，主播可以选择适合自己的声卡款式，以便获得最佳的短视频直播音效。

4. 直播的麦克风选择

说完声卡，我们再来看短视频直播间麦克风的选择。麦克风俗称"话筒"，主要分为电动麦克风和电容麦克风两种，而电动麦克风又以动圈麦克风为主。当然，还有一种特殊的麦克风，就是我们在电视上或者活动会议上常见的耳麦，耳麦是耳机与麦克风的结合体。

下面笔者就来带领大家分别了解动圈麦克风和电容麦克风的特点，如图 7-21 所示。

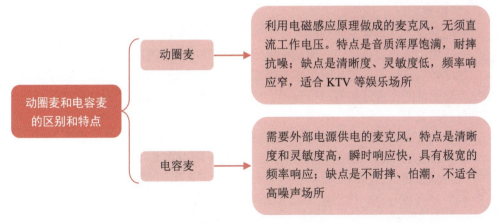

图 7-21 动圈麦和电容麦的区别和特点

绝大多数主播的麦克风一般用的都是电容麦,电容麦的质量和体验决定了主播直播间音质的好坏,从而影响到直播的整体效果,所以选择一款高品质的电容麦对主播来说非常重要。图 7-22 所示为电容麦的常见样式。

图 7-22 电容麦的常见样式

主播在选择电容麦时,可以从一些专注于研发话筒、耳机的知名品牌生产的产品中进行选择。当然,大家也可以自行选择自己喜欢的电容麦进行购买。

5. 电脑和手机的选购

现如今的短视频直播行业可谓是红红火火,很多人都想进入这个行业来捞金。短视频直播的载体有两种,一种是电脑,另一种是手机。那么,如何选购适合进行短视频直播的电脑和手机呢?接下来,笔者就来进行分析。

(1) 电脑。

一般来说，从事专业直播的人群都有一定的才艺技能、理论普及和经济能力，他们所采用的直播设备是台式电脑和笔记本，而短视频直播对于这类设备的配置要求都是比较高的，高性能的电脑与主播直播的体验是成正比的。所以，接下来笔者就从电脑配件的各部分参数进行分析，给主播推荐合适的电脑，以帮助大家提升短视频直播的效果。

- CPU 处理器。CPU 的性能对电脑的程序处理速度来说至关重要，CPU 的性能越高，电脑的运行速度也就越快，所以在 CPU 的选择上千万不能马虎或将就。一般来说选择酷睿 I5 或 I7 处理器比较好。
- 运行内存条。内存条的选择和 CPU 一样，要尽量选择容量大的。因为运行内存的容量越大，电脑文件的运行速度也就越快。对于直播的需求来说，电脑内存容量的选择不能低于 8GB，如果预算充足，选择 8GB 以上的内存条更佳。
- 硬盘类型。现在市面上流行的硬盘类型一共有两种，一种是机械硬盘，还有一种是固态硬盘。这两种硬盘的比较如图 7-23 所示。随着科学技术的不断进步，现在固态硬盘的生产技术也越来越先进成熟，所以这也导致了固态硬盘的销售价格不断降低，容量也在不断扩大，现在已经不用担心选购固态硬盘的成本预算问题了。

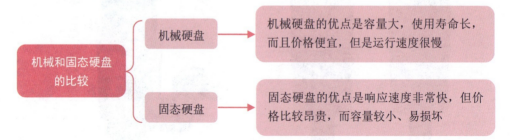

图 7-23　机械和固态硬盘的比较

- 显卡。体现电脑性能的又一个关键配件就是显卡，显卡配置参数的高低会影响电脑的图形处理能力，特别是在运行大型游戏以及专业的视频处理软件的时候，显卡的性能就显得尤为重要。电脑显卡对直播时的效果也会有一定的影响，所以尽量选择高性能的显卡型号。

(2) 手机。

随着移动通信技术的不断进步，5G 时代即将到来，手机的网速也越来越快，这一点笔者深有体会。4G 网络普及后，手机的网速已经能够达到流畅地观看视频的效果，这就为手机直播的发展提供了必要的前提条件。图 7-24 所示为移动通信技术的发展和变更。

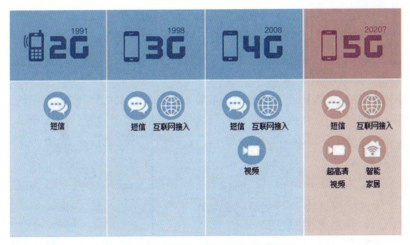

图 7-24　移动通信技术的发展和变更

与电脑直播相比，手机直播的方式更加简单和方便，主播只需要一台手机，然后安装一款直播平台的 App，再配上一副耳机即可进行直播。当然，如果觉得手持手机直播有点累，也可以为手机加个支架固定。

手机直播适用于那些把直播当作一种生活娱乐方式的人或者刚入直播的新人，因为手机的功能毕竟没有电脑强大，有些专业的直播操作和功能在手机上是无法实现的。所以直播对手机配置的要求没有电脑那么高，虽然如此，对于手机设备的选购也需要经过一番仔细的考虑和斟酌。

手机的选购和电脑一样，也要注意手机的配置参数，然后在预算范围内选择一款自己喜欢的手机款式。这里笔者就不具体推荐某一款机型了，因为如今的手机行业技术和功能更新越来越快，而且市场也已经接近饱和，"手机饭圈化"现象十分严重，同一个手机品牌，同等价位的机型，其参数配置以及功能都几乎一样，只不过是换了个外观和名字而已。

以上就是关于电脑和手机的介绍以及选购推荐，其实不管是用什么设备进行直播，只要能为用户创造出优质且有趣的短视频直播内容，就能成为一名优秀的主播。

6. 直播间的其他设备

除了前面所讲的摄像头、灯光、声卡、麦克风以及电脑和手机这些主要的直播设备之外，主播还需要对短视频直播的其他设备有所考虑，比如网络宽带的要求、手机或麦克风的支架和监听耳机等。下面，笔者就来介绍这些设备的选择以及要求。

(1) 网络宽带。

直播主要是通过互联网与受众建立沟通与联系，所以没网是万万不行的，特别是对于专业做直播的主播来讲，必须在直播的地方安装一个网速足够的宽带；而且直播对于流量的消耗是非常巨大的，即便是业余直播，也要在有 Wi-Fi 的环境下进行，不然光用流量的话，短视频直播的成本是难以维持的。

目前市面上的通信运营商主要有 3 家，分别是中国移动、中国联通和中国电信，这里大家根据自己的实际情况选择即可。至于宽带网速和套餐的选择，笔者建议选择至少 50 兆以上的宽带套餐。

直播间的网络状况决定了直播是否能够顺利进行，如果宽带网速不给力，就会造成直播画面的延迟和卡顿，不仅会严重影响主播的直播进程，而且也会大大降低用户的观看体验感，导致用户中途离去，造成短视频直播间人气的波动。

(2) 直播支架。

在直播的时候，不管是电脑直播还是手机直播，主播都不可能长时间用手拿着麦克风或手机。所以，这时候就需要用支架来进行固定，这样能使主播更加轻松愉快地进行直播，非常实用和方便。

在选择直播支架时，大家去淘宝、天猫和京东等电商平台中搜索"直播支架"，然后从搜索结果中进行选择即可，如图 7-25 所示。

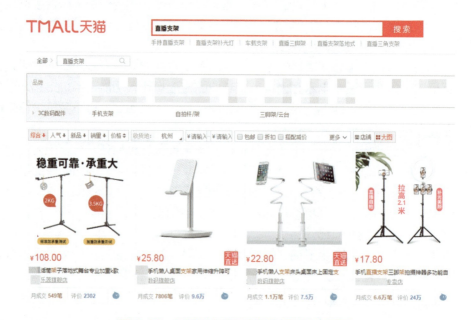

图 7-25　天猫平台关于直播支架的搜索页面

(3) 监听耳机。

在直播中，主播为了随时关注自己直播的效果，就需要用到监听耳机，以便对短视频直播的内容进行优化和调整。监听耳机是指没有加过音色渲染的耳机，可以听到最接近真实的、未加任何修饰的音质，它被广泛应用于各种领域，如录音棚、配音室、电视台，以及 MIDI 工作室等。图 7-26 所示为监听耳机的常见样式。

图 7-26 监听耳机的常见样式

监听耳机主要具备两个特点：一是频率响应足够宽、速度快，能保证监听的频带范围内信号失真尽量小，具有还原监听对象声音特点的能力；二是坚固耐用，容易维修和保养。

那么监听耳机和我们平时用的普通耳机究竟有什么不同呢？笔者总结了以下几点区别，如图 7-27 所示。

关于监听耳机的选购，大家可以参照前面笔者说过的直播支架购买方法，去电商平台搜索相应的关键词，选择自己喜欢或者合适的产品。

7. 直播间的装修布置

购买到一整套直播必备的设备之后，接下来就到了最重要的步骤和环节，那就是设计一个符合自己直播风格的直播间。漂亮美观的直播间能提升用户观看直播的体验感，为主播吸引更多的粉丝和人气。

该如何打造较为完美的直播间呢？接下来笔者将从直播间空间的大小、背景的设置、物品的陈设、室内地面 4 个方面来详细分析直播间的装修布置。

(1) 空间大小。

直播间的空间大小宜在 20 到 40 平方米之间，不能过大也不能太小，空间太小不利于物品的摆放和主播的行动，太大会造成空间资源的浪费。所以，主播在选择直播场地时，应该根据自己的实际情况来分配空间大小。

(2) 背景设置。

直播间背景的设计原则是简洁大方、干净整洁，因为不仅主播的外在形象是用户对短视频直播的第一印象，直播间的背景同样也能给用户留下深刻的印象。所以，短视频直播间的背景墙纸或背景布的设计风格可以根据主播的人设、直播的主题和直播的类型来选择。

监听耳机和普通耳机的区别：

- 因为监听耳机没有加过音色渲染，所以对声音的还原度要高，保真性要好；而普通耳机一般是加过音色渲染和美化的，所以声音听起来会更动听
- 监听耳机能有效地隔离外部杂音，能听到清晰准确的声音，隔音效果非常好；而普通耳机的封闭性一般，经常会出现漏音和外界杂音渗入的情况
- 监听耳机主要用于现场返送、缩混监听、广播监听、扩声监听的场景中，以提高声音的辨识度；普通耳机一般用于听音乐、看电影、玩游戏等娱乐方面
- 监听耳机为了保证声音的保真性，制作材质普遍较硬，所以佩戴舒适度比较一般；普通耳机的质量较轻，设计也符合人体结构学，所以佩戴比较舒适

图 7-27 监听耳机和普通耳机的区别

例如，如果主播是一位元气满满的美少女，就可以选择可爱风格的 Hello Kitty 主题墙纸作为直播间的背景；如果短视频直播是以庆祝生日或节日为主题，那么就可以选择明亮鲜艳的墙纸作为直播间的背景；如果短视频直播是专门销售某品牌的产品，可以将贴上了品牌 LOGO 的墙面作为背景。

(3) 物品陈设。

和直播间的背景设置一样，短视频直播间物品的摆放也是有讲究的，房间的布置同样要干净整洁，物品的摆放和分类要整齐有序，这样做不仅能够在短视频直播的时候做到有条不紊，而且还能给用户留下一个好的印象。

杂乱的房间布置会影响短视频直播的观感，所以每一位新人主播尤其要做好物品的摆放和直播间的布置。短视频直播间的物品种类可以根据直播的类型来设置和确定，如果是美妆类的直播，那可以放口红、散粉、眼线笔和面膜等；如果是服装类的直播，那么可以放衣服、裤子和鞋等；如果是美食类直播，就可以放各种零食。如图 7-28 所示。

短视频直播间物品的陈设一定要符合直播的风格或者类型，这样才能提升主播的专业度和直播间的档次，才会吸引更多用户观看短视频直播，这样的短视频直播

才能获得预期的销售额。

图 7-28　直播间的物品陈设

(4) 室内地面。

如果主播们想要让直播间更精致一点，可以选择在直播间的地板上铺设吸音地毯，这样做既细节加分，又可以大幅度降低直播时的噪声。另外，地毯可以尽量选择浅色系的，因为浅色系的地毯可以搭配更多的产品，而且打理起来也会更方便一些。

第 8 章

带货话术：
提高直播间用户购买率

学前提示

　　同样是做短视频直播，有的主播一场直播可以带货上千万件，有的主播却一场直播没卖出几件产品。之所以会出现这种差异，其中一个重要原因就是前者懂得通过营销话术引导销售，而后者却连基本的带货话术都没有掌握。

要点展示

- ▶ 常见回复话术
- ▶ 欢迎用户进入
- ▶ 感谢用户支持
- ▶ 提问提高活跃度
- ▶ 引导用户助力
- ▶ 下播传达信号
- ▶ 借用大咖金句
- ▶ 提及价格优势
- ▶ 个性语言吸粉
- ▶ 解决用户痛点
- ▶ 打造产品痒点
- ▶ 解决后顾之忧
- ▶ 建立好信任感

071 常见回复话术

本节将对直播间卖货时用户常问及的一些问题进行解答示范,这样可以更好地帮助主播应对直播间的提问,确保短视频直播带货的顺利进行。

1. ×号宝贝,试用一下

用户常问的第一类问题为:"×号宝贝可以试一下吗?"用户之所以会问这一类问题,很可能是因为用户在观看短视频直播时,对该产品产生了兴趣,需要主播进行试用,所以提出了试用的要求。

主播面对这类提问时,可以通过话术对用户的问题进行回答,并及时安排试用或试穿产品。例如,在某服装直播中,部分粉丝要求主播试穿36号产品。因此,主播在看到用户的提问之后,马上说道:"好的,等下给大家试试36号。"并在展示完一套衣服之后,便快速换上了36号产品,将产品的试穿效果展示给用户看,如图8-1所示。

图8-1 粉丝提出试穿要求

2. 主播情况,多高多重

用户常问的第二类问题是主播的身高以及体重等信息。部分主播会在短视频直播间中,展示自己的身高以及体重等信息,但是有的用户没有注意到,主播可以直接回复用户,并且提醒用户看直播间中的主播信息。图8-2所示为部分抖音短视频直播中的主播信息的相关画面,可以看到这些直播间中对主播的身高和体重等信息进行了展示。

图 8-2　部分抖音短视频直播中的主播信息

3. 产品尺码,是否适用

用户常问的第三类问题是:"我的体重是××kg,身高是×××cm,这个产品我用着合适吗?"或者"体重××kg,身高×××cm,应该买哪个尺码呢?",如图 8-3 所示。

图 8-3　用户询问穿哪个尺码合适

对于这类问题，主播可以根据用户提供的具体身高、体重信息，给予合理意见；或者将当前产品的尺码与标准尺码进行对比，再做出推荐。如果销售的产品是标准码，可以让用户直接选择平时穿的尺码。

当然，主播也可以在直播间中展示产品的尺码参考表，给用户提供一个参照，如图8-4所示。这样一来，当用户询问这一类问题时，主播直接让用户查看尺码参考表就可以了。

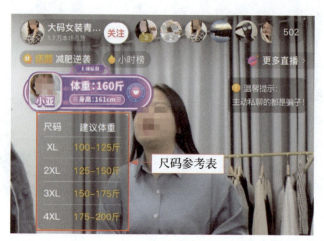

图8-4　在直播间列出尺码参考表

4. 质问主播，没有理会

有时候用户会问主播，为什么不理人，或者责怪主播没有理会她。这时候主播需要安抚该用户的情绪，可以回复说没有不理，只是因为消息太多，没有看到。如果主播没有做好安抚工作，可能会丢失这个用户。

5. ×号宝贝，价格多少

用户之所以会问这个问题，主要就是因为他没有看商品详情，或者是没有找到商品详情页面。对于这个问题，主播可以直接告知产品的价格，或者告诉用户如何找到商品详情页面。

通常来说，用户询问价格时，主播通过话术直接引导用户查看购物车中产品的具体价格即可。当然，如果直播间发放了优惠券，主播也可以先让用户点击直播间中的"领券"链接，并在弹出的提示框中点击"领取优惠券"按钮，领取短视频直播间的优惠券，如图8-5所示。

以抖音短视频直播为例，用户在直播间领取了优惠券之后，点击直播间产品后方的"去购买"按钮，便可以直接下单了，而且在结算时也会自动使用优惠券，如图8-6所示。因此，主播便可以利用这一点，通过话术突出产品的价格优势，从而增加用户的购买欲望。

第 8 章 带货话术：提高直播间用户购买率

图 8-5　领取短视频直播间的优惠券

图 8-6　结算时自动使用优惠券

072　欢迎用户进入

在直播的过程中，主播如果能够掌握一些通用的话术，会获得更好的带货、变现效果。本节将对 5 种直播通用话术（欢迎话术、感谢话术、提问话术、引导话术和下播话术）中的欢迎话术进行分析和展示，帮助大家更好地提升自身的带货和变现能力。

当有用户进入直播间后，直播的评论区会有显示。主播在看到进直播间的用户之后，可以对其表示欢迎。当然，为了避免欢迎话术过于单一，主播可以在一定的分析之后，根据自身和观看直播的用户特色来制定具体的欢迎话术。具体来说，常见的欢迎话术主要包括以下 4 种。

（1）结合自身特色，如："欢迎×××来到我的直播间，希望我的歌声能够给您带来愉悦的心情。"

（2）根据用户的名字，如："欢迎×××的到来，看名字，你是很喜欢玩《××××》游戏吗？真巧，这款游戏我也经常玩！"

（3）根据用户的账号等级，如："欢迎×××进入直播间，哇，这么高的等级，看来是一位大佬了，求守护呀！"

（4）表达对忠实粉丝的欢迎，如："欢迎×××回到我的直播间，差不多每场直播都能看到你，感谢一直以来的支持呀！"

▶ 073 感谢用户支持

当用户在直播中购买产品，或者给你刷礼物、支持你时，你可以通过一定的话语对用户表示感谢。

（1）对用户购买产品的感谢，如："谢谢大家的支持，××不到 1 小时就卖出了 500 件，大家太给力了，爱你们哦！"

（2）对用户刷礼物的感谢，如："感谢××哥的嘉年华，这一下就让对方失去了战斗力，估计以后他都不敢找我 PK 了。××哥太厉害了，给你比心！也感谢其他给我刷礼物的朋友，谢谢你们的助力！"

▶ 074 提问提高活跃度

在直播间向用户提问时，主播要使用更能提高用户积极性的话语。对此，主播可以从两个方面进行思考，具体如下。

（1）提供多个选择项，让用户自己选择，如："接下来，大家是想听我唱歌，还是想看我跳舞呢？"

（2）让用户更好地参与其中，如"想听我唱歌的打 1，想看我跳舞的打 2，我听大家的安排，好吗？"

075 引导用户助力

主播要懂得引导用户,根据自身的目的,让用户为你助力。对此,主播可以根据自己的目的,用不同的话术对用户进行引导,具体如下。

(1) 引导购买,如:"天啊!果然好东西都很受欢迎,半个小时不到,××已经只剩下不到一半的库存了,要买的宝宝抓紧时间下单哦!"

(2) 引导刷礼物,如:"我被对方超过了,大家给给力,让对方看看我们真正的实力!"

(3) 引导直播氛围,如:"咦!是我的信号断了吗?怎么我的直播评论区一直没有变化呢?喂!有没有想要买这款产品的宝宝呀!需要的扣1。"听到主播这么说之后,许多用户就会快速在评论中打出1,如图8-7所示。这样一来,直播间瞬间就热闹了起来,而且还会让用户觉得许多人都要购买该产品,从而使部分用户直接抢购产品。

图8-7 主播引导用户发送评论

076 下播传达信号

每场直播都有下播的时候,当直播即将结束时,主播应该通过下播话术向用户传达信号。那么,如何向用户传达下播信号呢?主播可以重点从3个方面进行考虑,具体如下。

（1）感谢陪伴，如："直播马上就要结束了，感谢大家在百忙之中抽出宝贵的时间来看我的直播。你们就是我直播的动力，是大家的支持让我一直坚持到了现在。期待下次直播还能再看到大家！"

（2）直播预告，如："这次的直播要接近尾声了，时间太匆匆，还没和大家玩够就要暂时说再见了。喜欢主播的可以明晚8点进入我的直播间，到时候我们再一起玩呀！"

（3）表示祝福，如："时间不早了，主播要下班了。大家好好休息，做个好梦，我们来日再聚！"

077 借用大咖金句

每行每业都会有一些知名度比较高的大咖。大咖之所以能成为大咖，就是因为其在行业中具有比较专业的素质，并且还获得了好的成绩。这些人之所以能成功，就在于他们懂得通过话术引导短视频用户购买产品。甚至于有的短视频直播带货主播还形成了自己的特色营销话术。

以某运营者为例，他在短视频和直播过程就有许多属于自己的特色营销话术，或者说是金句，其中之一就是用"买它"来引导用户购买产品。图8-8所示为该运营者发布的一个短视频，可以看到在短视频标题和字幕中便都出现了"买它"。

图8-8 短视频和字幕中都出现了金句

因为该运营者的金句为许多人所熟知,所以一些短视频直播运营者发布的内容中也会借用其金句。图 8-9 所示为两个带货短视频,可以看到在这两个短视频中,便借用了该运营者的金句"买它"。

图 8-9 借用该运营者金句的短视频

其实,同样是带货,该运营者的金句可以引导用户购买产品,主播用金句同样也是可以起到短视频直播带货作用的。因此,当主播看到一些大咖的营销金句时,不妨也借过来在直播时试用一下,看看效果。

078 提及价格优势

很多时候,价格都是用户购买一件产品时重点考虑的因素之一。这一点很好理解,毕竟谁都不想花冤枉钱。同样的产品,价格越低,就越会让人觉得划得来。这也是许多人在购买产品时,不惜花费大量时间去"货比三家"的重要原因。

基于这一点,主播在短视频直播带货过程中,可以通过一定的话术提及福利,适当地强调产品的价格优势和优惠力度。这样用户就会觉得产品的价格已经比较优惠了,其对产品的购买需求自然也会有所提高。

例如,某短视频直播中正在做秒杀活动,许多产品的秒杀价比专柜价要便宜得多,如图 8-10 所示。此时,主播便可以在短视频直播中借助话术,通过专柜价与秒杀价的对比,强调直播间的价格优势。比如,可以直接告诉用户:"这款产品的专柜价为 49 元,现在我们直播间的秒杀价仅 15.9 元,优惠力度很大,有需要的朋友抓紧机会购买哦!"

图 8-10 短视频直播间产品的专柜价与秒杀价对比

079 个性语言吸粉

许多用户之所以会关注某个主播,主要是因为这个主播有着鲜明的个性。构成主播个性的因素有很多,个性化的语言便是其中之一。因此,短视频主播可以通过个性化的语言来打造鲜明的形象,从而吸引粉丝的关注。

主播的直播主要由两个部分组成,即画面和声音。而具有个性的语言则可以让直播更具特色,同时也可以让整个直播对用户的吸引力更强。一些个性化的语言甚至可以成为主播的标志,让用户一看到该语言就会想起某主播,甚至在看某位主播的视频和直播时,会期待其标志性话语的出现。

例如,某运营者在视频和直播时,经常会说"oh my god!""买它",于是这两句话便成为该运营者的标志性话语。再加上该运营者粉丝众多,影响力比较大,所以,当其他人说这两句话时,许多人也会想到该运营者。

正是因为如此,该运营者在视频直播时,也开始用这两句话来吸睛。而且其发布的短视频中也经常会使用这些标志性的话语。图 8-11 所示为该运营者发布的两条抖音短视频,可以看到在这两条短视频中赫然便出现了"OMG!"(oh my god 的简写)和"oh my god!"。

主播在进行短视频直播时,也可以适当地说一些带有个人特色的口头禅等个性化语言,如果用户的反馈比较好,还可以将这些口头禅打造成自己的一个标签,并借助这些口头禅引导更多用户下单。

图 8-11　某运营者发布的两条抖音短视频

080　解决用户痛点

主播在进行短视频直播带货时，如何把产品销售出去，是整场直播的核心点。和实体店一样，主播需要通过和顾客沟通、交流，同时运用一点说话技巧，抓住用户的一些心理行为，从而促使用户完成最后的下单行为。

让用户放下买单前的最后一点犹豫，是很多主播最关心的一点，毕竟有太多的用户在最开始表现出强烈的购买欲望，到需要付款的那一刻却犹豫、放弃了。这种情况在日常生活中时常发生，销售人员往往花费了一定的精力、时间，但由于顾客没有采取最后的付款行为，功亏一篑。下面介绍如何通过解决痛点来促使用户完成最后的付款行为。

1. 提出痛点：找出用户对于该类产品的"刚需"

当新人主播提出痛点的时候，要注意，只有有关"基础需求"的问题，才能算是真正的"痛点"。基础需求是用户的根本和核心需求，基础需求没解决，用户的痛苦会非常明显。

例如，服装是每一个人在日常生活中无时无刻不需要使用的产品，一个人在社会上生活，可以几天不吃米饭，但是极少有人会不穿衣服。同时，衣服在某种程度上代表着一种体面和在社会上生活的形象。

主播在介绍服装的时候，不妨从痛点入手。服装是刚需产品，即使用户现在不需要，也不代表用户的购买需求和欲望不存在。这时，主播需要做的就是激发用户的购买需求和欲望。例如，主播可以同时展示多种款式，让用户有更多的选择，如图 8-12 所示。如果用户看到自己喜欢的款式，就会想要下单购买产品。

图 8-12　通过展示多种款式刺激需求

2. 放大痛点：全面化和最大化地找出用户痛点

现代社会对于产品的要求逐渐严格。以服装为例，几乎所有人都希望自己在任何场所、环境下，都能穿着得体。衣服所蕴含的功能已经从最开始的遮羞、保暖、保护作用，演变成展示个人形象、个性的功能作用。

在现代社会，衣服是构成个人形象的关键因素，服装在某种程度上就是自己的形象名片。一件得体的服装和一件不得体的服装，给人的印象是截然不同的。"人靠衣装"最简单直白地表明了服装可以起到修饰、美化个人形象的作用。

因此，主播在推荐服装时，就需要最大化地找出、放大用户的痛点，强调别人有而用户可能没有的，那么别人可以穿着好看的衣服，自信地展示自己的美，获得他人的好感，而用户的痛点在此时就被放大了。

例如，部分销售大码女装的主播因为自身有一点肥胖，所以很多服装穿上去，整个人都显得比较壮和矮，如图 8-13 所示。由于这是许多有些肥胖的女性的常态，因此，在看到主播穿寻常款式的服装之后，痛点就被放大了。如果主播在试穿了几种普通款式之后，再穿上自己要推荐的显瘦型服装，经过前后的对比，用户就会更愿意购买主播推荐的服装。

3. 解决痛点：给观众一个"不得不买的理由"

痛点，就是用户亟须解决的问题，没有解决痛点，就会很痛苦。用户为了解决自己的痛点，一定会主动寻求解决办法。研究显示，每个人在面对自己的痛点时，是最有行动效率的。

图8-13 肥胖女性穿上普通款式的服装显得壮和矮

大部分进入短视频直播间的用户在一定程度上都是对直播间中销售的产品有需求的，即使当时的购买欲望不强烈，但是主播完全可以通过抓住用户的痛点，让购买欲望不强烈的用户也采取下单行为。

例如，部分卖大码女装的短视频直播中，主播的体重达到150斤、160斤，但是，穿上直播间销售的服装之后却一点都不显得胖，因此，主播会通过话术来凸显服装的显瘦效果，如图8-14所示。在这种情况下，许多觉得自己有些肥胖的女性在看到主播的着装效果之后，就会觉得自己的痛点是能够通过购买主播推荐的服装解决的。

图8-14 展示着装并通过话术凸显效果

▶ 081 打造产品痒点

打造痒点，需要主播在推销服装时，帮助用户营造美好的幻想，也就是帮助用户去实现原本不能实现的梦想，满足用户内心的渴望。

营造用户的幻想，一直是很多商家、品牌的营销手段。例如，商家推销化妆品时，会强调用户只要使用这款化妆品，就可以变得更加美丽；推销一款减肥茶时，一定会帮助用户去想象自己瘦身成功后的苗条身材。

正是通过帮用户营造出美好的幻想，使用户产生实现幻想的欲望和行动力，极大地刺激用户的消费心理，才会促使用户产生下单购买产品的行为。对于很多短视频直播主播来说，他向用户展示的不是产品，而是一种美好的幻想。

只要抓住这种心理，主播在推荐产品时，就能获得更好的效果。以服装类产品为例，短视频直播主播可以通过重点打造3个痒点，引导用户下单，具体如下。

1. 服装产品痒点一：不同的体型要怎么穿搭好看

每一个用户都希望自己穿的衣服能够展示自己的良好形象，但是现实生活中，不是每一个人的身材都像模特的身材一样，怎么穿都好看。所以，大部分用户希望能通过服装的搭配，来树立起自己在他人眼里的良好形象。

对于这些用户来说，他们有一个强烈的痒点，就是想使自己的形象得到进一步的美化。由于用户的体型各有不同，主播需要学会根据不同用户的体型，通过话术为不同的用户来推荐合适的服装款式和风格。下面向读者介绍4种体型（香蕉型、苹果型、梨型和沙漏型）的特征，从而帮助主播为不同体型的顾客进行服装推荐。图8-15所示为女性的4种体型。

图8-15 女性的4种身材体型

(1) 香蕉型身材。

　　香蕉型身材的主要特征是身材比较骨感、扁平，身材缺乏曲线。主播在为这类身材的用户推荐服装时，可以让用户选择宽松的上衣和裤装；或者穿百褶裙、叠穿衣服等来突出腰线。图 8-16 所示为适合推荐给香蕉型身材用户的服装款式。

图 8-16　适合推荐给香蕉型身材用户的服装款式

(2) 苹果型身材。

　　苹果型身材的特征是上半身胖，下半身瘦，表现为肩宽、腰间有赘肉，腿部则比较纤细，给人一种头重脚轻的感觉。主播为这类身材的用户推荐服装时，可以让用户选穿 V 领、简洁的上衣，裤装选阔腿裤款型。另外，服装不要做累赘设计，如蕾丝花边等。图 8-17 所示为适合推荐给苹果型身材用户的服装款式。

图 8-17　适合推荐给苹果型身材用户的服装款式

(3) 梨型身材。

梨型身材的特点是肩臀比例不佳，臀部比肩部宽、大腿比较丰满，有腰线。主播在为这类身材的用户推荐服装时，可以着重增加肩部的宽度，下半身的服装款式应该简洁。例如，主播可以推荐及臀的中长外套、A字裙装等。图8-18所示为适合推荐给梨型身材用户的服装款式。

图8-18 适合推荐给梨型身材用户的服装款式

(4) 沙漏型身材。

沙漏型身材的特点是腰肢纤细、前凸后翘，这是一种比较完美的身材。主播在为这类身材的用户推荐服装时，可以顺应身材曲线、突出腰线。通常来说，这类身材的用户可以选择凸显身材优势的服装，尽量避免穿宽松、有膨胀感的上衣。图8-19所示为适合推荐给沙漏型身材用户的服装款式。

2. 服装产品痒点二：怎样用衣服修饰身材的缺点

对于大部分想购买服装的用户来说，怎么利用衣服来修饰自己身材的不完美，是大家非常关注的一个点。

面对这种情况，主播就可以在介绍、推荐服装时，着重强调服装的修饰作用，让粉丝认为只要穿上了这款服装，就可以修饰自身身材的不完美之处，从而可以隐藏自身身材的不足，美化自身的形象。

例如，针对腿部比较胖的粉丝来说，如何让自己不显腿胖，就是她们的痒点，这时主播就可以重点推荐一些裙装、阔腿裤给用户；如果粉丝的手臂粗，就可以推荐袖部花色少、颜色深的上衣，如图8-20所示。

图 8-19 适合推荐给沙漏型身材用户的服装款式

图 8-20 阔腿裤和深色上衣

3. 服装产品痒点三:从产品入手帮助消费者树立自信

主播在打造痒点时,可以考虑从服装改变人物形象、气质等方面上入手。主播向用户推荐产品时,强调服装可以改变用户的形象,帮助用户树立自信心。

众所周知,现在这个社会,对于服装的要求越来越高,服装所能代表的信息也越来越多。在电视剧里,我们常常可以看见平凡的女生,在换上一套美丽又漂亮的衣服后,整个人的形象和气质顿时发生了巨大的变化,让人眼前一亮。

其实，在短视频直播中，主播也可以采用这种方法，通过前后两套服装的对比，来突出主播要推荐的服装的上身效果，从而帮助用户树立信心，让用户觉得自己穿上主播推荐的服装也能变得很好看。

图8-21所示为采取该方法为用户树立信心的短视频直播。大家可以看到，主播穿上右侧的服装之后，整体上的美感要比左侧好得多。这样用户在看到前后对比之后，就会觉得只要自己选对了服饰，或者说选择主播推荐的服饰，也能变得更加好看。这样一来，主播便通过产品帮助用户树立起了信心。

图8-21　通过着装的前后对比帮助用户树立信心

082 解决后顾之忧

主播要想让用户能爽快地下单，那么有必要解决用户的后顾之忧。现在很多品牌商家为了提高产品的销量，往往会向消费者表示这款产品在一定的时间期限内是可以免费退换的，以此解决用户收到产品后不满意的担忧。

现在，很多短视频直播间都会在直播界面内标明产品的售后处理情况，让进入直播间的用户可以安心购买。图8-22所示为标明产品"7天无理由退换货"的短视频直播间。

这种策略可以在一定程度上表明主播对于自己推荐的产品有着足够的信心。同时，采取免费退换的承诺，也是建立用户信任感的有效策略，让用户产生即使收到的服装款式、风格自己不喜欢，也不会有任何经济损失的感觉，进而使用户更放心地购买产品。

图 8-22　直播间的退换货处理信息

▶ 083　培养好信任感

当用户对产品产生兴趣,有进一步了解的欲望时,主播就需要和用户建立起信任。这可以在一定程度上避免主播推荐的产品特别好,特别适合用户,但是用户却选择在其他渠道上下单购买的情况。

如果主播推荐的产品是用户需要的,但用户却从别人那里购买了产品,那么主播就相当于是为他人做了嫁衣,自己付出了努力,产生的效益却在别家。为了避免这种情况出现,主播就需要和用户培养信任感,让用户感觉安心、放心,一旦和用户的信任感建立成功,用户自然会更愿意购买主播推荐的产品。

但是,用户的信任感并非瞬间建立起来的,它需要经过一些时间的了解、观察、互动才能慢慢确定起来。在此过程中,主播需要做很多工作在用户心中建立起信任感。

例如,主播要结合一定的话术展示产品并凸显产品的品质,让用户觉得主播推荐的产品值得购买;也要通过专业的介绍,树立自身的专业形象,让用户觉得主播是值得信赖的;还要通过话术把产品的售后等问题说清楚,让用户觉得购买的产品是有保障的。

图 8-23 所示为某鞋类产品的短视频直播间画面,可以看到,主播在该直播间中展示产品时,为了对鞋子的品质进行说明,不仅结合话术对鞋子的外观进行了全面的展示,还对鞋子进行了弯曲,甚至是折叠。这样做给用户的感觉就是鞋子质量

很好，随便怎么折腾都不会坏。这样一来，用户便会基于对鞋子质量的信任而下单进行购买了。

图 8-23　通过产品质量获得用户的信任

第 9 章

带货控场：
全程把控有效避免冷场

学前提示

　　主播要想掌控全场，不仅需要随机应变地回答用户的问题，还要不断地学习和提高自身的专业能力。本章重点讲述主播掌控全场的方法，帮助主播全程把控直播，有效地避免冷场。

要点展示

- ▶ 开端留好印象
- ▶ 激发用户表达
- ▶ 节奏松弛有度
- ▶ 正确处理吐槽
- ▶ 改善用户关系
- ▶ 找出问题原因
- ▶ 及时纠正错误
- ▶ 保持激昂情绪
- ▶ 机智应对质疑
- ▶ 真诚请教高手
- ▶ 粉丝互动交流

084 开端留好印象

如果你是一个新手主播,还没有固定的用户群体,那么你需要一开始就吸引用户的注意力。用户也许只看十秒钟,就会决定要不要继续看你的短视频直播。主播要想跟用户建立良好的关系,吸引用户持续关注你的短视频直播,重点在于给用户留下一个好的印象。那么,主播如何一下子抓住用户的眼球,在短视频直播中给用户留下好印象呢?方法主要有以下两种。

1. 个人特点

主播在短视频直播的过程中要给用户留下深刻的印象,还得展示出自己的个人特点。很多当红的明星都有自身的人设,人设就是特点,有特点就能吸引更多人关注,主播也是一样。

图 9-1 所示为两个主播的短视频直播画面,可以看到这两个主播便是以《西游记》中孙悟空、猪八戒的造型来进行直播的。当我们看到这两个直播之后,很容易被主播的个人造型吸引,并对他们的造型留下深刻的印象。

图 9-1 独特的个人造型

2. 显示个性

主播在直播销售产品时,显示出自己的个性,有了正面的个性化标签,就能给用户留下好的印象。例如,主播在短视频直播中介绍产品的时候,可以穿插讲述自己与产品的故事,或分享自己的故事。主播可以通过自身的故事给用户留下一个好印象，激发用户的兴趣，使整个直播间有话题可聊，最后用户也许没有记住产品，但是一定记住了主播的形象和性格。

▶ 085 激发用户表达

很多主播都把用户当成一个倾听者，一味地在短视频中进行倾诉、推荐各种产品。这些主播仅仅是把自己的观点传递给用户，而没有给用户表达想法的机会。每一个人都有自己的想法，主播要想引导用户下单，就得激发用户的表达欲，并倾听用户的想法。那么，如何激发用户的表达欲望呢？方法主要有以下两种。

1. 提问激发

主播可以通过提问的方式，促使用户参与直播，增加用户的表达欲。这不仅可以增加与用户之间的互动，还可以让直播间的气氛快速活跃起来。

例如，抖音平台上有一个售卖手工编织产品的主播，在短视频直播的过程中经常会问用户："这里大家有没有看懂？看懂的扣1！""这里看懂了吗？看懂的扣1！""大家都学会了吗？学会的扣1！"等，听到主播的这些问题之后，许多用户都会通过评论积极地进行回复，如图9-2所示。

图 9-2 通过提问激发用户的表达欲

2. 行为激发

有时候主播即便不说话，也能通过自己的行为激发用户的表达欲。需要注意的是，主播如果要通过行为激发用户的表达欲，那么，主播的行为一定要能吸引用户的目光，否则，用户可能会因为主播不说话，且对短视频直播内容不感兴趣而离开直播间。

图 9-3 所示为某短视频直播的相关画面。在该短视频直播中，虽然主播很长一段时间都没有说话，但是，直播间中的评论却非常多。这主要是因为主播剪羊毛的这个行为是许多用户从前没有见过的，所以用户看到主播剪羊毛之后，就会觉得很新奇。于是用户会通过评论将心中的想法都表达出来。

图 9-3　通过行为激发用户的表达欲

086　节奏松弛有度

因为一场直播的时间通常会比较长，主播很难让直播间一直处于"高潮"状态，但是，如果直播一直冷场，又会留不住用户。所以，在直播的过程中，主播要把握好直播的节奏，让直播松弛有度。只有这样，才能增加用户的停留时间，让更多用户购买你的产品。

一个优质的主播，一定会给大家放松的时间。那么，如何在带货短视频直播中营造轻松的时刻呢？比如，主播可以在讲解产品的间隙，通过给用户唱歌，或发起话题讨论等，为用户营造出一种宾至如归的感觉。

087 正确处理吐槽

生活中吐槽无处不在，更何况是在网络上。在网络上有很多用户将负能量发泄给主播，同时也有不明事理、盲目跟风吐槽的用户。面对指责时，主播要怎样处理才能大事化小，小事化了？下面将介绍 3 种方法。

1. 直接无视，做好自己

如果有用户在直播间吐槽，主播就去回应吐槽的人，想要据理力争，那么吐槽你的人可能会更加激动地回应。这样一来，直播间中可能就会充满火药味，而其他用户看到气氛不对，可能就会离开直播间；相反地，如果用户吐槽时，主播直接选择无视，那么吐槽的用户在说了一会儿之后也会觉得这样做没什么意思。这样一来，用户也没有兴趣再继续吐槽了。

图 9-4 所示为某短视频直播的相关画面。可以看到，在该短视频中有一位用户在不停地吐槽主播所在的店铺不发货。而面对该用户的吐槽，主播选择的是直接无视，按照自己的节奏进行短视频直播带货。这也让短视频直播间中的其他用户看到了主播的好脾气。因此，即便该用户在不断吐槽，但是，该直播间仍吸引了许多用户的关注，主播的本场直播更是获得了超过 9 万的点赞。

图 9-4 主播并不回应负面评论

2. 指桑骂槐，侧面抨击

面对吐槽者，主播没有必要用激烈的言辞直接怒怼，因为主播是一个公众人物，必须维护好自身的形象。当然，当吐槽者咄咄逼人、触犯主播底线时，主播可以通过指桑骂槐的方式，对吐槽者进行侧面抨击。

例如，主播可以采用冷幽默的方式进行回应，让用户感受到主播的幽默，同时也对吐槽者进行一番讽刺；也可以利用幽默故事从侧面表达自己的想法，间接对吐槽者作出回应。

3. 正面激励，自我疏导

面对吐槽，最好的方式就是将压力变成动力，把负能量变成正能量，一只耳朵进一只耳朵出，正面开导自己，看一些忠实粉丝的评论，进行自我疏导。

在直播间碰到负能量的用户，这件事任何主播都不能控制，主播要学会将负能量自己消化，并转化。如果主播无法从负面情绪里释怀，那么直播状态势必会受到影响，而主播的状态又会影响带货的效果。因此，主播要多对自己进行正面激励，调整好自己的状态，让自己的内心变得强大起来。

▶ 088 改善用户关系

石油大王洛克菲勒曾表示："如果人际沟通能力也是如糖或者咖啡一样的商品，我愿意付出比太阳底下任何东西都珍贵的价格来购买这种能力。"由此不难看出人际沟通能力的重要性。而对于主播来说，通过沟通改善与用户的关系，也是提高带货效率的一个关键。那么，主播如何改善与用户的关系呢？下面介绍3种常见的方法。

1. 关注需求，提高下单量

无论是在直播中销售何种产品，主播都应该了解用户的需求，只有不断满足用户的需求，才能提高用户的下单欲望，提升产品的销量。主播在了解用户需求的过程中，需要特别注意一点，那就是要适当地听取用户的意见，这样才能显示出主播对用户的重视。

例如，在某短视频直播中，部分用户在询问13号产品的情况，主播看到之后，马上拿起13号产品进行介绍，如图9-5所示。这便是在了解了用户的需求之后，有针对性地推荐产品。

2. 倾听意见，增加互动

不论是直播带货，还是直播打游戏、直播聊天和直播唱歌，倾听用户的意见都是必不可少的一环。只有倾听用户的意见，让用户参与进来，才能了解用户的需求，有针对性地给用户推荐产品。

那么，如何让用户参与直播呢？其中一种方法就是增加互动环节，为用户的表达提供更多契机。对此，主播可以站在用户的角度思考，多为用户提供一些可以讨论的话题，通过倾听用户的意见来了解用户的需求。

图 9-5 倾听用户的意见展示产品

例如，在某短视频直播中，用户希望主播戴上（虽然该用户将"戴"打成了"带"，但是，用户要表达的意思，直播还是一看就懂的）产品看一看。而主播看到用户的评论之后，便将该款产品戴在手上，并进行了效果展示，如图 9-6 所示。这显然便是在倾听用户意见的基础上，进行的产品展示。

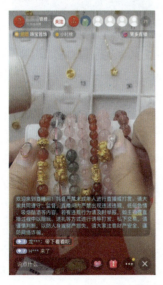 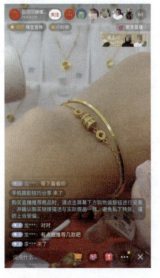

图 9-6 该主播按照用户要求试戴

3. 用户不满，情绪安抚

主播在直播过程中不仅要会调动用户的情绪，还要会安抚用户的情绪。当用户没有抢到优惠券，或者没有抢到直播间的红包时，主播不能向用户道歉，这样会让用户觉得自己是对的，会使用户感觉更加生气。

安抚用户的正确方法应该是，对用户说"活动结束了！""欢迎宝宝下次再来！""下次的优惠力度更大哦！"这样用户就会感觉，除了自己之外，还有很多人也没有抢到优惠。这样一来，用户便不会将矛头指向主播了。

例如，在抖音短视频直播中，如果主播发了红包，界面中便会显示发红包的倒计时。对此，主播可以提醒用户关注发红包的时间，如果用户没有抢到红包，主播则可以安抚用户，让用户下次抓紧一点时间，如图9-7所示。

图 9-7　直播间显示发红包的倒计时

089　找出问题原因

很多时候，问题出现的时候，我们经常会安慰自己，觉得是运气不好；或者是别人不理解我，可能我也有问题，但是问题不大。诸如此类，有这样想法的人很多。出现问题，建议先从自己身上找原因。只有不断地反思，才能不断地进步。

例如，某主播在进行短视频带货时"翻车"了，向用户推荐的是不粘锅，可是在操作的过程中却粘锅了。那么，主播就要分析"翻车"的原因。通常来说，这种情况的出现有两种原因：一是产品自身质量不过关，二是主播的操作有问题。

在了解了原因之后，主播便可以有针对性地进行改进。具体来说，主播的团队

带货控场：全程把控有效避免冷场 第9章

可以在选品时多一分用心，确保所选产品的质量；也可以在直播之前先进行操作，掌握正确的操作方法。

090 及时纠正错误

主播是面对成千上万陌生人的职业，主播的一言一行可能都会变成街头巷尾谈论的话题。带货能力好，会被大众谈论；直播"翻车"，也同样会被大众讨论。而当短视频直播"翻车"时，主播需要做的就是承认自己的错误，并及时进行纠正。这样做至少可以让用户看到主播知错能改的品德。

例如，某明星空降某主播的直播间，在该直播中，该主播想活跃现场气氛，就借用果冻说了一些不该说的话。该明星听到后，反问道："什么东西啊？什么意思啊？"巧妙地终止了话题。意识到问题之后，该主播在直播中及时承认了自己的错误，直播结束后，更是在微博中进行了道歉。图9-8所示为该主播的道歉微博。

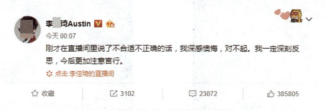

图9-8 该主播的道歉微博

虽然该主播在直播中犯了错，但是，因为他的道歉及时又诚恳，所以部分用户在看到其微博之后也表示谅解。例如，部分用户评论道："无论如何，能第一时间道歉，态度就是有了""哥，没事的，人非圣贤，好好休息，了解你的人都知道你没有恶意。"图9-9所示为该主播道歉微博的部分用户评论。

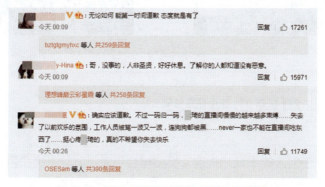

图9-9 该主播道歉微博的部分用户评论

091 保持激昂情绪

主播想要吸引更多粉丝,就需要有让短视频直播间"热起来"的能力,那么,如何让短视频直播间活跃起来呢?其中一种方法就是充满激情地进行直播,用情绪感染观看直播的用户。

俗话说:"打哈欠会传染,打喷嚏会传染。"当主播激情澎湃地进行直播时,主播高昂的情绪很容易带动直播间的气氛,吸引更多用户驻足观看。这与古代货郎大声吆喝卖东西是同一个道理。只要情绪激昂,就能把更多人的目光吸引过来。

例如,某主播直接在短视频直播中用一个小喇叭大声地向用户喊话,如图 9-10 所示。用户不仅能非常清楚地听到他的喊话内容,还能感受到该主播高昂的情绪。因此,许多进入其直播间的用户即便不买东西,也会想要多停留一段时间。这样一来,该短视频直播间的用户留存时间增加了,而直播间的热度也就提高了。

图 9-10 主播用小喇叭喊话

092 机智应对质疑

生活中面对任何人的质疑和挑衅,都要学会不卑不亢,主播在直播时也是如此。如果一位用户质疑产品的质量和售后,主播一味地表示认同,那么,其他用户也会不信任主播。因此,面对质疑,主播要展现自己的服务态度,尽量不要强词夺理,但也要正面质疑，机智地应对质疑。

任何产品和品牌都不能失去用户，没有用户，产品就没有销路，品牌就发展不起来。同理，任何一个主播都不能失去观看直播的用户。所以，为了更好地留住用户，当用户质疑，甚至是挑衅时，主播要学会机智应对。

图 9-11 所示为某徒步短视频直播中的相关画面。可以看到，画面中有部分用户在质疑主播徒步的真实性。而主播在看到这些用户的评论之后，直接在直播中表示，自己会持续进行直播，并且还将摄像头转了一个方向，让用户看到自己的手推车前面只有一条大路，而不像那些假徒步的主播一样，有汽车在前面牵引。这样一来，用户的质疑自然也就被化解了。

图 9-11　用户质疑直播内容的真实性

主播在短视频直播中卖货时也是如此，如果用户质疑你销售的产品质量，那么，你也要对此进行回应。具体来说，主播回应用户质疑和挑衅时可以参考如下几种方法。

（1）无论用户是无理的挑衅，还是实实在在的抱怨，主播都必须要正视。如果选择无视，质疑的用户可能就会觉得你心虚。这样一来，其他用户对主播的信任可能就会打折扣。

（2）观察用户，揣摩用户的心态。面对一直喋喋不休进行负面评论的用户，主播要学会适时地反问用户，把主动权拉到自己身上，这样既能吸引用户的注意力，也能显示主播对自己销售产品的强大自信。

（3）如果发现用户质疑的问题真的存在，主播要接受批评，坦然面对用户的批评、刁难和挑剔，并尽最大可能去满足用户的要求，全力配合解决问题，让用户看到你负责任的诚意。

093 真诚请教高手

一个主播从"平淡无奇"到"闪闪发光"都是有一个过程的,现在我们看到的大主播,最初也都是平淡无奇的小主播。想成为一个大主播,不仅要坚持,还需要扩宽圈子,找到比自己更加优秀的、知名的主播进行学习和交流。当大主播和小主播连麦时,小主播不仅能够学习到直播技巧,还能够让更多的用户看到你。

因此,在连麦 PK 时,主播即便败了,也不应该耍赖、闹脾气,而应该学会借鉴他人的成功经验,争取让自己下次做得更好。

另外,在直播的过程中,主播可能也会遇到一些对产品有详细了解的"高手"。在面对这些"高手"时,主播可以通过真诚地请教来形成互动,这不仅可以让其他用户看到主播虚心请教的一面,也能避免由于自身对产品了解不足,而与"高手"出现不必要的争执。

094 粉丝互动交流

对于主播来说,无论是吸粉,还是粉丝的黏性都非常重要。而吸粉和粉丝的黏性又都需要与用户沟通交流来实现,因此,大多数主播对于与粉丝的交流都比较重视。

这一节就为大家介绍几种与粉丝交流的方法,帮助各位主播提高粉丝运营能力,更好地与用户形成紧密的联系。

1. 粉丝互动,即时回复

如今,越来越多的主播开始注重和粉丝的互动,及时接收粉丝信息、及时回复粉丝的问题、时不时和粉丝聊聊闲话,已经成为每一个直播间主播的重点工作内容。

直播不仅是一种信息传播媒介和新的营销方式,还是一种实时互动的社交方式,这可以从其对用户的影响全面地表现出来。人们在观看直播的时候,就好像在和人进行面对面的交流,这使得用户能感受到陪伴的温暖和共鸣。

主播可以通过在直播过程中表达对热点话题的看法获得用户的共鸣,或者在粉丝群里和粉丝们聊天实现与用户的互动。同时,当粉丝发出评论时,主播应该尽可能地进行回复。这样可以在主播和粉丝之间形成稳定的社交关系,提升双方的亲密度。

图 9-12 所示为某短视频直播的相关界面。可以看到,直播评论区有一位用户问两款产品的价格,主播看到评论后,立即进行了回复,并将价格改为限时秒杀价。这种即时回复、快速作出回应,便能显示出主播对用户的重视,让用户看到主播的

用心。

图 9-12　即时回复用户评论

　　主播想要更好地拉近和粉丝之间的距离，那么在直播过程中就需要和粉丝充分进行互动，让粉丝感到自己被主播关注、被重视，这样才能更有效地吸引用户的关注和增加用户的黏性，从而提高产品的销量。

2. 情绪管理，针对引导

　　一个主播要想成为大主播，就需要学会管理情绪。如果主播不能管理好自己的情绪，那么无论他的销售能力多么强，都难以长久地获得用户的信任。

　　因为信任是连接主播和用户的桥梁，如果主播管理不好自己的情绪，那么用户在交流互动的过程中，会觉得主播不易沟通。这样一来，用户就会逐渐疏离主播，而用户对主播的信任感和忠诚度也将因此而消磨、丧失。

　　因此，在直播时，主播要管理好自己的情绪，时刻展现出积极向上的状态，这样可以感染每一个进入直播间的用户，同时也能树立起主播积极带货的形象。如果主播自己的状态低沉、情绪不佳，就很难吸引正在观看直播的用户购买自己推荐的商品，甚至会使得这些用户退出直播间。长此以往，主播的粉丝量将会变得越来越少，而主播的带货能力也将被削弱。

　　另外，主播也可以根据用户的类型，采取不同的沟通交流策略，有针对性地进行沟通交流，避免产生摩擦，从而减少负面情绪的产生。了解那些进入直播间观看直播的用户类型，学会根据不同的用户类型有针对性地进行沟通和互动，这可以更加有效地得到想要的效果。

　　在短视频直播中，主播常常会碰到各种类型的用户，由于这些用户自身所处的环境不同，所以他们在看待事情的角度、立场常常是截然不同的。这就要求主播在短视频直播带货的过程中，根据用户的类型进行有针对性的引导。图 9-13 所示为直播间用户的类型。

直播间用户的类型：
- 铁杆粉丝：会发自内心地维护主播，主动在直播间营造氛围
- 购物者：注重自我需求，在直播间更关心产品及其价格
- 娱乐者：忠诚度和购买力较低，部分素质低下，会抬杠，甚至骂人

图 9-13　直播间用户的类型

在面对自己的铁杆粉丝时，主播的情绪管理可以不用太严肃、太一本正经，适当地和他们表达自己的烦恼，宣泄一点压力或者开一些小玩笑，反而会更好地拉近和他们的关系。

至于购物者类型的用户，他们一般是以自我需求为出发点，只关心商品及其价格。因此，主播在面对这种类型的用户时，就需要呈现出积极主动的情绪，解决他们的疑惑，同时要诚恳地介绍商品。

娱乐者类型的用户中，会出现部分素质较低的用户，他们可能以宣泄自己的负面情绪为主，喜欢在直播间和主播抬杠，并且以此为乐。对于那些喜欢抬杠和骂人的用户，主播可以在直播中点名，并与其沟通。如果对方不听劝告，一直抬杠、骂人，主播可以请场控帮忙处理，将其踢出直播间。

3. 亲近用户，拉近距离

某个采访中，仅有不足 10% 的用户认为，主播只需要长得好看、有颜值就能做好直播。在受访用户中，认为主播最应该具备的能力中排名前三的分别是：善于沟通、有亲和力，能带动用户情绪；个人有特点；有一技之长。

由此可以看出，较强的亲和力及优秀的沟通能力才能让主播受到更多用户的支持。亲和力，是一种使人愿意亲近、愿意接触的力量。而在短视频直播带货过程中，主播便可以利用自身的亲和力，亲近用户，从而拉近与用户之间的距离。

主播的亲和力可以无形间拉近和用户之间的距离，使他们自发地亲近主播。当主播的形象变得更加亲切、平易近人后，用户对于主播的信任和依赖也会逐渐加深。而随着信任度的提高，用户也会开始寻求主播的帮助，借助主播所拥有、了解的产品信息和资讯，帮助自己挑选产品。这种关系，就是一种稳定的信任关系。

主播要明白，进入直播间的用户是怀着一定的需求进入直播间，观看你的直播的。在这种背景之下，大部分用户都不希望看到一个冷冰冰的主播在进行产品的介绍和推销工作。

主播必须意识到，用户是现实中活生生的人。他们的情感感知能力非常强烈，可以在看到主播的前几秒，就由于第一印象而选择留下来或者退出去。

出于人类趋利避害的原始本能，以及现代社会中人类对于情感的需求，大部分人愿意亲近看起来无害的人，或者说大家熟悉的人。正因为如此，主播如果在直播封面上展现出可爱和有活力的一面，会比较容易获得用户的好感，建立良好的第一印象。

除此之外，主播在进行直播的过程中，所呈现的状态也应该是自然的、平易近人的。这种状态大多偏亲切感，会让用户感觉正在直播的主播就是自己身边随处可见的朋友，在向自己推荐产品。在这种情况下，用户便会更容易接受主播推荐的产品了。

纵观各短视频平台上的主播，很少会出现看上去很高冷的带货主播。这主要是因为太过高冷的形象会让人觉得难以亲近。所以，许多用户在看到高冷的带货主播时都会选择退出直播间。

而那些让人想要亲近的主播，只要开播，就会获得众多用户的关注。因此，许多主播都会在个人形象和直播间布置上下一些功夫，让用户觉得主播是容易让人亲近的。例如，有的直播间会布置得比较温馨、可爱，让出镜的主播看上去像是一个邻家姐姐、妹妹。

另外，在整个直播过程，主播可以以朋友的口吻进行产品推荐，让用户觉得你不是单纯地想要赚他们的钱，而是在为用户推荐合适的产品。这样的推荐语会让用户觉得主播是有原则地带货，而用户对主播的信任度自然也就提高了。

第 10 章

带货技巧：
广泛适用的直播销售法

学前提示　在短视频直播过程中，要想将更多产品销售出去，更好地实现带货变现，还得掌握一些实用的短视频直播带货技巧。因此，最后一章笔者就来重点为大家介绍广泛适用的直播销售法。

要点展示

- ▶ 介绍劝说购买
- ▶ 通过赞美引导
- ▶ 给出限时优惠
- ▶ 亲身示范推销
- ▶ 策划幽默段子
- ▶ 选用专业导购
- ▶ 对比突出优势
- ▶ 展现产品实力
- ▶ 比较产品差价
- ▶ 增加增值内容
- ▶ 全程保持亢奋
- ▶ 展示用户体验
- ▶ 专注一款产品
- ▶ 产品植入场景

▶ 095 介绍劝说购买

主播在直播间直播时，可以用一些生动形象、有画面感的话语来介绍产品，从而达到劝说用户购买产品的目的。下面，笔者就来对介绍法的3种操作方法进行简单的说明，如图10-1所示。

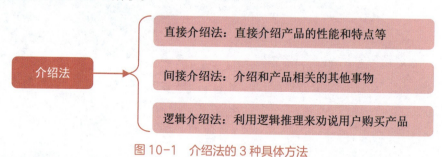

图10-1 介绍法的3种具体方法

1. 直接介绍法

直接介绍法是指主播直接向用户介绍、讲述产品的优势和特色，劝说用户购买产品的一种办法。这种推销方法的优势就是节约时间，直接让用户了解产品的优势，省去不必要的询问过程。

图10-2所示为某销售蜂巢蜜短视频直播的相关画面。可以看到，该短视频直播是通过直接展示并介绍产品来向用户推荐产品的，这便属于通过直接介绍法进行短视频直播带货。

2. 间接介绍法

间接介绍法是通过向用户介绍和产品本身相关的其他事物来衬托产品的一种方法。例如，如果主播想向用户介绍服装，不直接说产品的质量有多好，而是介绍服装的做工和面料等，让用户觉得产品的质量过硬，这就是间接介绍法。

图10-3所示为某水果短视频直播的相关画面。该短视频中，主播在向用户推荐水果时，便没有将重点放在展示产品的外观上，而是直接把果园呈现在镜头中，重点展示水果的生长环境。这便是通过间接介绍法进行的水果带货直播。

3. 逻辑介绍法

逻辑介绍法是通过逻辑推理的方式，说服用户购买产品的一种沟通推销方法。这也是线下销售中常用的一种推销手法。

例如，有的主播在推销产品时，可能会说："这件产品也就是几杯奶茶的价钱，几杯奶茶一下就喝完了，但产品购买了之后却可以使用很长一段时间。"这就是一种较为典型的逻辑介绍，这种介绍法的优势在于说服力很强，会让用户很容易认同

带货技巧：
广泛适用的直播销售法　第10章

主播的观点。

图10-2　通过直接介绍法带货

 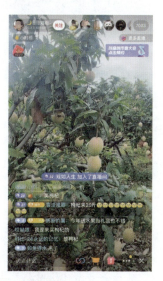

图10-3　通过间接介绍法带货

▶ 096　通过赞美引导

赞美法是一种常见的推销技巧，这是因为每一个人都喜欢被人称赞，喜欢得到他人的赞美。在这种赞美的情景之下，被赞美的人很容易情绪高涨。因此，许多人容易受到情绪的影响而下单购买产品。

三明治赞美法属于赞美法里比较被人推崇的一种表达方法,它的表达方式是,首先根据对方的表现来称赞他的优点;然后提出希望对方改变的不足之处;最后,重新肯定对方的整体表现状态。通俗的意思是:先褒奖,再说实情,再总结一个好处,从而利用同理心让用户获得更好的感受。图 10-4 所示为三明治赞美法的同理心表达公式。

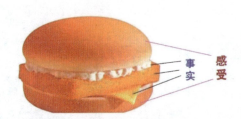

图 10-4　三明治赞美法的同理心表达公式

在日常生活和直播销售中,主播可以通过三明治赞美法来进行产品销售。例如,当用户担心自己的身材不适合主播推荐的服装时,主播就可以对用户说:"这条裙子不挑人,大家都可以穿。""虽然你可能有点不适合这款裙子的版型,但是你非常适合这款裙子的风格,不如尝试一下"。

▶ 097　给出限时优惠

限时优惠法就是直接告诉用户,短视频直播间正在举行某项优惠活动,在活动期内,用户能够得到的利益是什么。此外要提醒用户,活动期结束后,再想购买对应的产品,会要花费更多钱。

例如,主播在短视频直播中可以对用户说:"亲,这款服装,我们今天做优惠降价活动,今天就是最后一天了,你还不考虑入手一件吗?过了今天,价格就会回到原价位,原价和现在的价位相比,足足多了好几百元呢!如果你想购买本产品的话,必须得尽快做决定哦!机不可失,时不再来。"

主播通过这种方法推销产品,会给用户一种错过这次活动之后再买就亏大了的感觉。同时通过最后期限的设置和告知,能给用户造成一种心理压迫感,让有需求的用户更想抓紧入手产品。

主播在直播间给用户推荐产品时,就可以积极运用这种方法,通过话术给用户造成紧迫感,同时也可以通过优惠倒计时的显示来提醒用户。图 10-5 所示为某短视频直播间中销售的产品的展示页。可以看到，其中就有一些限时秒杀的产品，并且产品下方还会显示限时秒杀结束的倒计时。

图 10-5　短视频直播间的限时优惠

098　亲身示范推销

示范法也叫示范推销法，它要求主播把要推销的产品，展示给用户去看、摸、闻，从而激起用户的购买欲望。

由于直播销售的局限性，用户无法亲自看到产品，这时就可以让主播代替用户来获得对产品的体验。对于用户来说，由于主播相对更加了解产品的风格和款式，所以由主播代替自己来体验产品，用户通常也会比较放心。图 10-6 所示为示范推销法的操作方法。

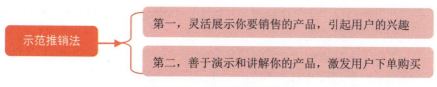

图 10-6　示范推销法的操作

1. 灵活展示自己的产品

示范推销法是一种日常生活中常见的推销方法，其中涉及的方法和内容较复杂，因为不管是商品陈列摆放、当场演示，还是主播试用、试穿和试吃产品等，都可以称之为示范推销法。

它的主要目的就是希望让消费者达到一种亲身感受产品优势的效果,同时通过尽可能全面地展示产品的优势来吸引用户的关注。

现在许多短视频直播都会选择这种方式,对产品进行试用、试穿或试吃。图10-7所示为某销售女鞋直播间的相关画面。可以看到,该直播间中便是通过模特试穿的方式来展示产品的。

图10-7 通过模特试穿展示产品

2. 善于演示和讲解产品

对于销售人员来说,善于演示和讲解产品是非常有必要掌握的一种能力,毕竟说得再多,都不如亲自试用一下产品,让用户看到实际的效果。如果能让用户亲自来试用产品就更好,就像出售床上用品的商家一样,会创造一个睡眠环境,让用户在床上试躺。

但短视频直播这种线上销售方式,用户是无法亲自使用产品的。这时,主播就可以在短视频直播过程中亲自使用产品,将演示过程通过直播镜头灵活地展现出来,让用户直观地看到实际效果。

图10-8所示为某销售自动写字机的直播间的相关画面。可以看到,该短视频直播中,便是通过直接打开自动写字机,演示其操作的实际效果,来吸引用户的关注,并引导用户下单的。

相比于其他推销方法,示范法的优势就在于可以让用户看到产品的使用效果。因为主播敢于在镜头前展示效果,所以用户往往也更能感受到主播对于自己销售的产品的强大信心。

带货技巧：广泛适用的直播销售法　第 10 章

图 10-8　主播在镜头前展示产品的使用效果

▶ 099　策划幽默段子

"段子"本身是相声表演中的一个艺术术语。随着时代的变化，它的含义不断被拓展，也多了一些"红段子""冷段子""黑段子"的独特内涵，近几年频繁活跃在互联网的各大社交平台上。

主播在进行短视频直播时，也可以策划幽默段子，将带货的过程变得更加有趣。幽默段子作为最受人们欢迎的幽默方式之一，得到了广泛的传播和发扬。微博、综艺节目和朋友圈里将幽默段子运用得出神入化的人比比皆是，这样的幽默方式也赢得了众多用户的追捧。

在某电视台主持人和主播共同为武汉带货的直播间中，就运用了此方法。在这场直播中，该央视主持人讲了很多段子。"烟笼寒水月笼沙，不止东湖与樱花，门前风景雨来佳，还有莲藕鱼糕玉露茶，凤爪藕带热干面，米酒香菇小龙虾，守住金莲不自夸，赶紧下单买回家，买它买它就买它，热干面和小龙虾。"

"奇变偶（藕）不变，快快送给心上人。""人间唢呐，一级准备，OMG，不是我一惊一乍，真的又香又辣，好吃到死掉的热干面令人不能作罢，舌头都要被融化，赶紧拢一拢你蓬松的头发，买它买它就买它，运气好到爆炸，不光买到了还有赠品礼包这么大，为了湖北我也是拼了，天呐！"。

当主播在直播间中讲述幽默段子时，直播间的用户通常会比较活跃。很多用户都会在评论区留言，更多的用户会因为主播的段子比较有趣而留下来继续观看直播，

225

因此，如果主播能围绕产品特点多策划一些段子，那么短视频直播内容就会更吸引用户。而在这种情况下，直播间获得的流量和销量也将随之增加。

100 选用专业导购

产品不同，推销方式也有所不同，在对专业性较强的产品进行直播带货时，具有专业知识的内行更容易说服用户。例如汽车短视频直播，观看直播的用户多为男性用户，并且这些用户喜欢观看驾驶实况，他们大多是为了了解汽车资讯以及买车才看直播的，如果挑选有专业知识的主播进行导购，会更受用户的青睐。

在推销汽车直播中，用户最关心的还是汽车的性能、配置以及价格，所以更需要专业型的导购。图10-9所示为某汽车短视频直播的相关界面。该短视频直播中的主播本身就是对汽车的各项信息比较了解的汽车销售员，所以，其直播时的讲解比较专业。也正因为这样，许多对汽车比较感兴趣的用户看到该直播时快速被吸引住了。

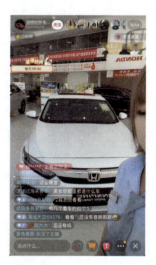

图10-9 专业汽车销售

101 对比突出优势

有一句话说得好："没有对比，就没有差距。"如果主播在短视频直播中能够将同款产品（或者相同功效的产品）进行对比，那么用户就能直观地把握产品之间的差距，更好地看到推荐的产品的优势。

当然，有的主播可能觉得将自己的产品和他人的产品进行对比，有踩低他人产品的意味，可能会得罪人。此时，其实还可以转换一下思路，用自己的新款产品和旧款，或者将新推出的多款产品进行对比。这不仅可以让多款产品都得到展示，而且只要话术使用得当，多款产品优势都可以得到显现。

图 10-10 所示为某首饰短视频直播的相关画面。可以看到，在该直播间中，主播便是通过展示两款产品的方式，通过对比来进行带货的。

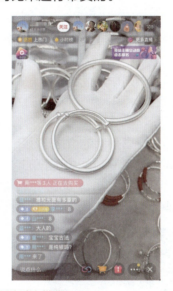

图 10-10　通过对比带货

102　展现产品实力

想要利用短视频直播做好营销，最重要的就是要结合产品向用户呈现产品所带来的改变。这个改变也是证明产品实力的最佳方法，只要改变是好的，对用户而言是有实用价值的，那么这个营销就是成功的。用户在观看短视频直播时，发现产品与众不同，就会产生购买的欲望，所以在直播中展示产品带来的变化是非常重要的。

例如，某销售化妆品的店铺在策划短视频直播时，为了突出自家产品的非凡实力，决定通过一次以"教你一分钟化妆"为主题的直播活动来教用户化妆。因为一分钟化妆听起来有些不可思议，所以该直播吸引了不少用户前来观看。这种直播不仅突出了产品的优势，而且还教会了用户化妆的技巧。该店铺的此次直播在短时间内吸引了 6000 多人观看，为这家小小的商铺带来了不少的流量。

商家或主播在短视频直播的过程中，一定要将产品的优势和效果尽量地在短时间内展示出来,让用户看到产品的独特魅力,这样才有机会将直播变为产品营销的有效手段和途径。

103 比较产品差价

"没有对比就没有伤害",买家在购买商品时都喜欢"货比三家",最后选择性价比更高的商品。但是很多时候,消费者会因为不够专业而无法辨认产品的优劣。这时候主播在直播中则需要通过与竞品进行对比,以专业的角度向买家展示差异,以增强产品的说服力以及优势。

对比差价在直播中是一种高效的方法,可以带动气氛,激发用户购买的欲望。相同的质量,价格却更为优惠,那么直播间一定是高销量。这种对比最常见的是大牌店铺的直播,将直播间的价格与线下实体店铺进行比较。

例如,某短视频直播间中销售的全自动雨伞的常规价为15.9元,秒杀价只要3.9元,如图10-11所示。此时,主播便可以在电商平台上搜索全自动雨伞,展示其价格,如图10-12所示,让用户看到自己销售产品的价格优势。

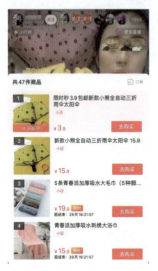

图10-11 短视频直播的全自动雨伞价格

图10-12 电商平台上全自动雨伞的价格

从上面两张图不难看出,该短视频直播间销售的全自动雨伞在价格上有明显的优势。在这种情况下,观看直播的用户就会觉得该短视频直播间销售的全自动雨伞,甚至是其他产品都是物超所值的。这样一来,该短视频直播间的销量便会得到明显提高。

104 增加增值内容

直播时要让用户心甘情愿地购买产品,最好的方法是提供给他们产品的增值内容。这样一来,用户不仅获得了产品,还收获了与产品相关的知识或者技能,一举两得,购买产品也会毫不犹豫。

那么增值的内容应该从哪几点入手呢?笔者将其大致分为3点,即陪伴、共享以及学到东西。

最典型的增值内容就是让用户从直播中获得知识和技能。比如天猫直播、淘宝直播、聚美直播在这方面就做得很好,一些利用直播进行销售的商家纷纷推出产品的相关教程,给用户带来更多软需的产品增值内容。

例如,某销售手工产品的短视频直播间经常会向用户展示手工产品的制作过程,如图10-13所示。该直播不仅能让用户看到手工产品的制作过程,还会教用户一些制作的技巧。

图10-13 展示手工产品的制作过程

在主播制作产品的同时,用户还可以通过弹幕向其咨询制作产品的相关问题,比如"这个花是用什么材质做的?""这里是要把材料慢慢捏成花瓣的形状吗?"等,主播通常也会耐心地为用户进行解答。

这样的话,用户通过短视频直播不仅得到了产品的相关信息,而且还学到了产品制作的窍门,对手工制作也有了更多了解。而用户在了解了产品的制作过程之后,就会想要买主播制作的产品,或者购买材料自己制作手工产品。这样一来,直播间产品的销量自然也就上去了。

当然，除了内容增值之外，主播和商家还可以通过其他增值方法来吸引用户下单。比如，可以通过买价格较高的产品，赠送价格较低的产品，来提高用户的获得感。图 10-14 所示为两个短视频直播间的相关画面。可以看到，这两个直播间的背景中表明了"今日下单≥5 单（蛋黄酥除外）赠送零食一份""拍二发三"，这便属于通过赠送产品来吸引用户下单。

图 10-14　通过赠送产品吸引用户下单

105　全程保持亢奋

直播销售主播实际上就是产品推销员。作为一个直播产品推销员，最关键的就是可以获得观众的流量，从而让直播间商品的转化率可以爆发。

如果不能提高直播间的转化率，就算主播每天夜以继日地开播，也很难得到满意的结果。主播的情绪对于转化率是非常重要的。主播要明白，直播销售决定了它不是一个娱乐性质的工作，只有可以带货的主播才是这个行业需要的主播。

要想成为大主播，就先得让自己成为一个优秀的推销员，在给用户讲解商品的时候，要学会声情并茂，全程保持亢奋，而不是冷冷淡淡、面无表情。要明白，主播的情绪是会影响商品转化率的，没有好情绪，就不会有好的转化。图 10-15 所示为情绪维度分析。

在直播时，主播需要时刻展现出积极向上的状态，让自己尽可能地保持亢奋的情绪，这样可以感染每一个进入直播间的用户，同时也利于树立起主播积极的形象。

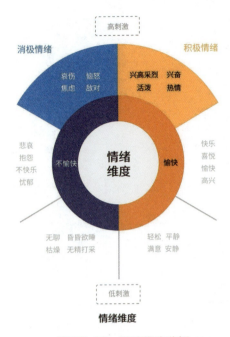

图 10-15　情绪维度分析

106　展示用户体验

在用户消费行为日益理性化的情况之下,口碑的树立和积累可以给短视频直播带货带来更好的效果。树立口碑的目的就是为品牌树立一个良好的正面形象,并且口碑的力量会在使用和传播的过程中不断加强,从而为品牌带来更多的用户流量,这也是为什么商家都希望用户能给出好评的原因。

许多短视频直播中销售的产品,链接的都是淘宝等电商平台的商品详情页。而许多用户在购买产品时,又会查看店铺的相关评分,以此来决定要不要购买短视频直播中推荐的产品。所以,提高店铺的评分就显得尤为重要了。

在淘宝平台中,"店铺印象"界面中会对宝贝描述、卖家服务和物流服务作出评分,如图 10-16 所示。这 3 个评分的高低在一定程度上会影响用户的购买率。评价越高,用户的使用感越好,则店铺的口碑越佳。

优质的产品和售后服务都是口碑营销的关键,处理不好售后问题会让用户对产品的看法大打折扣,并且降低复购率;优质的售后服务则能够推动口碑的树立。口碑体现的是品牌和店铺的整体形象,这个形象的好坏主要体现在用户对产品的体验感上,所以口碑营销的重点是不断提高用户体验感。具体来说,用户的体验感,可以从 3 个方面进行改善，如图 10-17 所示。

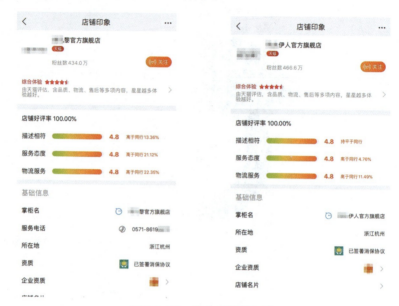

图 10-16　淘宝店铺的评分

图 10-17　改善用户体验感的方法

那么，一个好的口碑又具有哪些影响呢？具体内容如下。

（1）挖掘潜在消费者。

口碑营销在消费者的购买中影响重大，尤其是潜在消费者，这类用户会询问已购买产品的消费者的使用体验。或者查看产品下方评论，查找用户使用感受。所以，已使用过产品的消费者的评价在很大程度上会影响潜在用户的购买。

（2）提高产品复购率。

对于品牌和店铺来说，信誉是社会认同的体现，所以好口碑也是提高产品复购率的有效方案。

（3）增强营销说服力。

口碑营销相较于传统营销更具感染力。口碑营销的产品营销者其实是使用过产品的用户，而不是品牌方，这些使用过的用户与潜在消费者一样都属于消费者，在潜在用户的购买上更具有说服力。

(4) 解决营销成本。

口碑的树立能够节约品牌在广告投放上的成本，为企业的长期发展节省宣传成本，并且能替品牌进行推广传播。

(5) 促进企业发展。

口碑营销有助于减少企业营销推广的成本，并增加消费者数量，最后推动企业成长和发展。

由此不难看出，品牌和店铺的口碑对于短视频直播来说是非常重要的。一方面，主播在短视频直播过程中可以借助良好的口碑吸引更多用户下单；另一方面，在短视频直播间卖出产品之后，主播和商家需要做好售后服务，树立品牌和店铺的良好口碑。只有这样，用户才会持续在短视频直播间中购买产品。

107 专注一款产品

一个直播只做一款产品，听起来似乎不利于产品的促销。但实际上为了让用户更加关注你的产品，专注于一款产品才是最可靠的。这种方法对于那些没有过多直播经验的主播来说更为实用。

因为短视频直播跟学习一样，不能囫囵吞枣，一口吃成胖子。一般来说，短视频直播专注于一个产品，成功的概率会更大。当然，在打造专属产品时，品牌方和主播应该尤其注意两点要求，如图 10-18 所示。

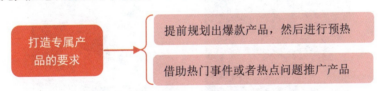

图 10-18 打造专属产品的要求

通过这两种方法，主播推荐的产品就会进入用户的视线范围之内，给用户留下深刻的印象，从而为产品的销售打下良好的基础。如果产品具有某方面的强大功能，能满足用户某方面的强烈需求，那么用户就会愿意购买产品。

另外，因为只销售一款产品，所以主播在布置直播间时，也可以对该款产品进行充分的宣传。例如，可以直接把产品的外观图作为短视频直播的背景，并写明产品的特点。这样一来，用户只要一进入直播间，便能快速增加对产品的了解。如果产品的某个特点打动了用户，用户的下单意愿就会更加强烈。

108 产品植入场景

在直播营销中，想要不露痕迹地推销产品，不让用户产生反感，最简单有效的方法就是将产品融入场景。这种场景营销类似于植入式广告，其目的在于营销，方法可以多式多样。具体来说，将产品融入场景的技巧，如图 10-19 所示。

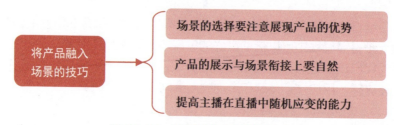

图 10-19　将产品融入场景的技巧

图 10-20 所示为某短视频直播间的相关画面。该直播间销售的其中一款产品就是硅胶鞋套，而主播为了更好地展示该鞋套，便播放了一条短视频。短视频中不仅展示了下雨天穿上鞋套后鞋子不会湿的场景，让用户看到了产品的实用性，还展示了该鞋套的清理场景：用水淋一下就干净了。

图 10-20　将产品融入场景的技巧

因此，用户看到短视频直播中展示的产品使用场景之后，就会觉得该产品不仅实用，而且清理起来也非常方便。这样一来，观看直播的用户会愿意购买该款鞋套，而鞋套的销量自然也就上去了。